Stadtgrün statt grau

61 DIY-Projekte fürs Urban Gardening

Wiebke Jünger

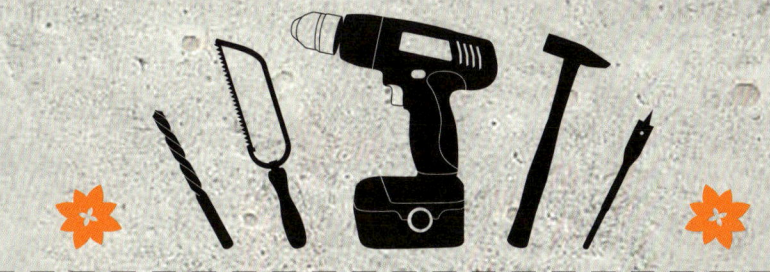

Stadtgrün
statt grau

61 DIY-Projekte fürs
Urban Gardening

Inhalt

8 Über das Selbermachen

12 Was bedeutet Stadtgrün für die Großstadt?

15 Gärtner erobern die Stadt

18 Das Gärtnern im öffentlichen Raum

21 Bepflanzbare Orte
22 Die schwierige Situation der Stadtbäume
24 Samenbomben
25 Moosgraffiti

26 Die Grundprinzipien des Urban Gardening

26 Platz sparen
26 Zeit sparen
28 Ressourcen sparen
29 Wie Pflanzen wachsen
33 Kostenlose Baumaterialien
36 Werkzeugkunde
37 Materialkunde

40 Praktische Tipps und schnelle Lösungen

42 Heizungsluft
42 Erdraummangel
42 Überflutete Behälter leeren
43 Urlaubsbewässerung Eins
44 Urlaubswässerung Zwei
45 Wassermangel im Balkonkasten

46 Platz schaffen

48 Blumenkasten sichern
48 Gardinenstange
49 Blumenampel-Netz
50 Blumentisch
52 Hängendes Blumenregal

54 Einfache Pflanzgefäße

58 Erdsack mit Erweiterung
58 Kartoffelsack
58 Pflanztasche
60 Kokedama
61 Bäckerkistengarten

62 Die beschwipsten Töpfe
63 Hängende beschwipste Töpfe
64 Palettengarten
65 Blumenturm
66 Hängender Blumenturm
67 Englische Blumenampel
68 Hängender Rost
69 Hängende Kiste
70 Gefäß hängend - Wuchsrichtung nach unten
71 Hängende Dosen

72 Gewächshaus, Kompost und Co.

76 Grauwasserturm
77 Flaschen-Gewächshaus
77 Folien-Gewächshaus
78 Frühbeet
80 Tunnelgewächshaus
82 Gießwasserfilter
84 Weidenstab-Tipi
85 Weidenstab-Rankbogen
86 Rankring
87 Horizontaler Rankring
88 Wurmkomposter
89 Wurmturm
90 Komposttrommel

94 Gefäße mit integrierter Bewässerung

99 Flaschenbewässerung
100 Tröpfchenbewässerung
101 Flaschenturm
102 Halbautomatische Balkonbewässerung
103 Minipflanzer
104 Erdeimer
106 Erdeimer mit externer Hohlraum-Bewässerung
107 Erdbox
108 Erdtonne
110 Schwimmerregelung
112 Bewässerungsrinne

114 Hydroponik und Aquaponik

119 Glockensiphon
120 Hydroponische Tiefwasser-Box
122 Mini-N.F.T.-Hydroponik
124 Tiefwasser-Aquarium-Aquaponik
125 Ebbe-und-Flut Aquarium-Aquaponik
126 Ebbe-und-Flut-Aquaponik
128 C.H.O.P. - Aquaponik
130 Druckluft-Belüftung für die C.H.O.P.-Aquaponik
132 N.F.T. - Pflanzrohrsystem

137 Register

138 Service

Lieber Leser,

als Großstadtmensch, besonders im Ruhrgebiet, hat man eine zwiespältige Grünerfahrung. Zum einen gibt es triste, baumlose, graue Straßenzüge, eng bebaute Stadtwohnviertel, die Industrieanlagen – zum anderen das schöne grüne Umland, Naherholungsgebiete, ungeheuer viele Kleingärten, die jede Lücke füllen. Die Kontraste zwischen Grün und Grau, zwischen Schön und Hässlich zeigen sich überall und liegen dicht gedrängt beieinander.
In den innerstädtischen Gebieten, ausgenommen vielleicht den Parks, ist abwechslungsreiche Grüngestaltung eher die Ausnahme. Um Kosten zu sparen, lassen die Städte nur pflegeleichte Begrünung pflanzen. Dabei hegen viele Stadtbewohner den Wunsch nach mehr oder schönerem Grün in ihrer Umwelt. Ebenso sind sie bereit selber aktiv zu werden und eigenhändig zu gestalten, denn sie empfinden Gärtnern als eine therapeutische und erfüllende Beschäftigung. Zu sehen, wie etwas wächst und gedeiht, erfüllt mit Freude und Stolz. Leider fehlt in der Stadt vielen die Möglichkeit dazu, da Gärten und Freiflächen Mangelware sind.

Das Thema Stadtgärtnern ist nicht erst durch die Urban-Gardening-Projekte wieder ins Bewusstsein gerückt: Viele sehen es als Mittel zur Armutsbekämpfung, zur Förderung sozialer Gemeinschaft und von Integration, außerdem zur Stärkung der Stadtwirtschaft. Schließlich ist Nahrung das Thema, das uns alle verbindet, ungeachtet des Einkommens, der Religion oder Herkunft. Die industrielle Landwirtschaft trägt mit ihren Dioxin-Skandalen, ihrem genveränderten Gemüse und den pestizidreichen Anbau ihren Teil dazu bei, dass immer mehr Menschen den eigenen Anbau anstreben.

Meine eigene Reise in die Welt des Stadtgärtnerns startete ich 2013, als ich in eine neue Wohnung zog, die über einen Südbalkon verfügte. Ich fing an, Samen verschiedener Nutzpflanzen auszusäen und stieß bald schon auf die ersten Probleme und Fragen. Wie organisiere ich meinen Platz (2 m²) am besten? Wie schaffe ich es, dass die Tomatenpflanzen auch die heißen Sommerwochen gut überleben, ohne dass ich fünf Mal täglich gießen muss? Ich recherchierte über viele Themen, und die Antworten kamen meist aus der Technik, Mathematik und Physik. Das Gärtnerglück lässt sich mit diesen drei Wissenschaften stark beeinflussen. Die Art und Weise des Anbaus, die technischen Hilfsmittel und das Verständnis für die Bedürfnisse einer Pflanzen sind für den Ernteerfolg entscheidend.

Ich sehe dieses Buch als ein Werkzeug, den Prozess zu mehr Stadtgrün zu unterstützen und dem Stadtgärtner nicht nur zu zeigen, wie er Platz, Zeit und Ressourcen sparen kann, sondern ich möchte ihm auch die Scheu vor anfänglichen Investitionen nehmen. Das Buch ist für alle gedacht, die mit dem Stadtgärtnern anfangen oder ihre Ausrüstung kostengünstig verbessern wollen. Das Glück des Gärtners liegt im Material. Und dass dies nicht immer neu und teuer sein muss, zeigt dieses Buch.

Viel Spaß beim Bauen und Experimentieren wünscht

W. Jünger

Links: Selbstgebaute Pflanzbeete und Rankgerüste im Allmendekontor auf dem Tempelhofer Feld in Berlin.

Stadtgärten können überall errichtet werden. Es braucht nur jemanden mit einer Idee und dem richtigen Werkzeug.

Über das Selbermachen

Das Selbermachen ist die Grundform allen Schaffens. Vor der massenhaften Güterherstellung, deren Produkte viele Aufgaben des Alltags erleichtern oder gar ganz übernehmen, war die eigene handwerkliche Geschicklichkeit, das selbstständige Produzieren, Instandhalten und Reparieren eine Grundvoraussetzung um zu überleben.

Im landwirtschaftlichen Kontext war das Wissen, wie man einen Zaun baut, Felder bestellt, am Haus Reparaturen erledigt, Gräben anlegt, Vieh züchtet, Werkzeuge herstellt, Kleidung flickt oder Essen kocht, notwendig zum Überleben. Das handwerkliche Wissen umfasste alle Bereiche des täglichen Lebens. Aus ihm entwickelten sich verwendbare Techniken, die sich immer weiter spezialisierten und zu Traditionen wurden. Die sogenannten „Handwerke" waren das Fundament einer produzierenden Gesellschaft, mit eigenem Sinn für Stil, Wert und Verwendbarkeit.

Das handwerkliche Geschick machte die Menschen zu einem großen Teil unabhängig von anderen Produzenten, was bares Geld für Anschaffungen und Dienste sparte. Produkte wie Fertiggerichte hätten damals wohl keine Chance auf dem Markt gehabt. Gleichzeitig machte es die Menschen abhängig voneinander. Starke Familienbande und Gemeinschaften waren nötig, um die Menge und Vielfalt der Aufgaben bewältigen zu können.
Mit der Spezialisierung der Handwerke im Mittelalter, die besonderer Geräte bedurften und immer ausgefeiltere Techniken entwickelten, unterschieden sich die Handwerker in ihren Fähigkeiten immer weiter von der übrigen Bevölkerung. Sie schlossen sich in eigenständigen Zünften zusammen, die bald auch eine politische Macht darstell-

ten, wenn auch meist wohlhabende Fabrikanten, Grundbesitzer und Händlerfamilien das Sagen hatten.

Heutzutage ist der private Mensch kaum mehr Erzeuger. Wir kochen unser Essen selber, reparieren Kleinigkeiten an unserem Haus oder in der Wohnung, können mehr oder weniger laienhaft tapezieren und anstreichen, doch erledigen ausgebildete Handwerker die meisten Arbeiten für uns. Wir produzieren weder unsere Nahrungsmittel noch unsere Kleidung selber, wissen nicht, wie wir unsere Haushaltsgeräte oder Schuhe reparieren können.

Der heutige Mensch ist ein Konsument. Er konsumiert Produkte und Dienstleistungen, teils ohne zu verstehen, wie diese funktionieren. Grund dafür ist zum einen die Arbeitsteilung und Spezialisierung der Berufe. Auch ist das verfügbare Wissen viel detailreicher und vielschichtiger geworden, als dass ein einzelner Mensch sich mit allem ausreichend beschäftigen könnte. Eine Beschränkung oder auch Spezialisierung ist somit normal. Zum anderen sind es Einschränkungen durch Regelungen und Gesetze, die es dem normalen Menschen schwer machen, aktiv zu werden und Änderungen herbeizuführen. Sie machen ihn abhängig von der städtischen Verwaltung und der Industrie. Die Entscheidungsgewalt, etwas tun zu dürfen, vor allem im städtischen Raum, liegt nicht bei den Bürgern, sondern beim Staat und den Städten. Dies ist zum großen Teil wichtig, um rechtliche und versicherungstechnische Klarheiten zu schaffen, schränkt andererseits aber die Handlungsfreiheit der Menschen ein und hemmt die Partizipation in der Gemeinschaft.

Das Selbermachen im Sinne von Produzieren kommt heutzutage, wenn nicht als Berufsausübung, hauptsächlich als Freizeitaktivität vor. Wenn nicht als Gärtner, dann oftmals in der Verbindung mit Bastelarbeiten oder Dekorieren. Traurigerweise leidet durch diesen Bezug die allgemeine Wertschätzung des Selbermachens, da Basteln und Dekorieren ein Image haben, das kindlich und naiv

wirkt und auch so vermarktet wird. Die kreativen Kräfte, welche kreatives Denkvermögen voraussetzen und auch fördern, treten meist hinter diesem Image zurück.
Eine zweite Rubrik des Selbermachens hat sich über Jahrzehnte erhalten: das Heimwerken. Heimwerken bezeichnet gemeinhin die nicht-berufliche Ausübung handwerklicher Tätigkeiten, die vor allen Dingen zur Reparatur, Instandsetzung und Verschönerung des eigenen Wohnraums betrieben werden.

Am 1. November 1957 erschien die Erstausgabe der Zeitschrift *selbst ist der Mann*. In dieser Zeit zogen viele Menschen nach den Wiederaufbaujahren in ihr neues Zuhause, wo sich ab sofort verstärkt das Familien- und Freizeitleben abspielte und das zum Symbol für Wohlstand wurde. Die stetige Verschönerung und Ausstattung der Wohnung mit Konsumgütern war der Effekt der Erhard'schen „Wohlstand-für-alle-Politik" und wurde zum Volkstrend. Wer sein Geld nicht für Handwerker ausgeben wollte oder konnte, machte das meiste einfach selber, alles nach dem Motto: „Mach's billiger, mach's besser, mach's selbst". In den 1960er Jahren entstanden nach US-amerikanischem Vorbild die ersten Baumärkte im Selbstbedienungskonzept in Deutschland.

Do it yourself

Die Zeitschrift *Suburban Life* verwendete in einem Artikel 1912 zum allerersten Mal den Begriff Do it yourself, abgekürzt DIY. Dort wurden die Leser dazu aufgerufen, ihre Reparaturen im Haus selber zu machen, was ihnen Kosten und Wartezeiten auf vielbeschäftigte Fachkräfte ersparen sollte. Do it yourself war fortan das Schlagwort der Heimwerkerbewegung, die nach dem zweiten Weltkrieg und wegen des Fachkräftemangels auch nach Deutschland schwappte. Für viele bedeutet DIY, aus eigener Kraft Veränderungen herbeizuführen. Es beinhaltet sowohl Eigeninitiative wie Schaffenslust und bewegt sich zwischen Improvisation und semiprofessioneller Herstellung. Bei der Do-it-yourself-Bewegung der 1960er und 1970er, den

Jugendbewegungen der Hippies und Punks, kamen dann auch politische Aspekte sowie das Misstrauen gegenüber der Massenprodukten der Industrie hinzu.

Es gibt viele Formen des Do it yourself. Angefangen vom eigenen kreativ-schöpferischen Akt des Selber-Entwickelns, über das Arbeiten entlang von Bauanleitungen und Bausätzen bis zum gemeinschaftlichen Projekt, das aus dem kollektiven Wissen aller schöpft. Die Online-Enzyklopädie Wikipedia ist z.B. ein solches Projekt, aber auch die Urban-Gardening-Projekte schöpfen aus dem Ideenreichtum und Fachwissen vieler Menschen. Der schwedische Möbelhersteller IKEA hat sich sehr erfolgreich das System der Teilnahme zunutze gemacht, um seinen Kunden, die Transport und Aufbau selber übernehmen, günstige Möbel anbieten zu können. Teilnahme bedeutet Identifikation.

Das Misstrauen gegen industrielle Produkte hat sich durch die Enthüllungen über den Einsatz von Billigbauteilen mit geringer Haltbarkeitsdauer in Elektrogeräten heute noch verstärkt. Eine Gegenbewegung findet sich unter anderem in den Reparatur-Cafés, einer Idee aus Holland. Menschen treffen sich, um sich gegenseitig zu helfen, kaputte Geräte zu reparieren, wobei jeder seine Fachkenntnisse beiträgt. Dazu gesellen sich mittlerweile Nähcafés, Fahrradwerkstätten, die Bikekitchen, und offene Holz- oder Keramikwerkstätten. Auch die ökologischen Folgen der industriellen Agrarproduktion haben den Weg hin zum eigenen Anbau wieder gefördert. Ein verbindendes Element zwischen den einzelnen Ansätzen schaffen Sparsamkeit und das Ziel, möglichst viel zu recyclen, was für manche ein praktischer Zusatznutzen, für andere aber eine Überlebensnotwendigkeit ist.

Außer Spaß und finanziellen Vorteilen spielt die Ästhetik des Selbstgemachten für viele eine große Rolle. Selbstgemachtes ist nicht glatt und makellos, ist nicht gestylt oder professionell designt. Den eigenen Ausdruck in den Gegenständen hinterlassen zu können, ist wichtig. Für die Jugendbewegungen war die Ästhetik zugleich eine politische Aussage, deren Sprache und Gestalt sich innerhalb der Szenen durchsetzten. In der Punkbewegung der späten 70er Jahre bedeutete das Selbermachen vor allem die *„Befreiung von sozialen wie ökonomischen Zwängen" (Hornung, et al., 2011)*. Ausgerissene, kopierte und zusammengestellte Buchstaben und Bilder prägen den Stil ihrer Publikationen.

Heute ist der Akt der eigenen Schöpfung und die Freude, das Ergebnis in der Hand halten zu können, besonders in unserem digitalen Zeitalter, zu einem Ausgleich geworden. Der Stolz auf das selber Erschaffene, das sichtbare Ergebnis fördert die Aktivität und das Vertrauen in die eigenen handwerlichen Fähigkeiten.

Lesser Design

Der Wert der handwerklichen Fähigkeiten der durchschnittlichen Bevölkerung wurde vom Gründer der Arts-and-Crafts-Bewegung des 19. Jahrhunderts, William Morris, hoch geschätzt. In seiner Schrift *Lesser Arts of Life* (Die niederen Künste des Lebens) von 1882 spricht er sich für das Handwerk und die kreativen Leistungen der normal ausgebildeten Bevölkerung aus, die er als Gegenbalance zur Hohen Kunst und zum Schaffen eines kleinen Kreises intellektueller Künstler sieht. Morris charakterisiert die Lesser Arts als kreative Leistung, die im Gegensatz zur Hohen Kunst nicht an unsere Emotionen rühren oder unseren Intellekt erweitern will. Er will den anonymen Erzeugern und ihren Erzeugnissen den gebührenden Respekt für ihre Leistung entgegenbringen.

In ähnlichem Sinne wird der Begriff des Lesser Design verwendet. Er wurde von dem Designprofessor Kingchung Siu der Polytechnischen Universität, Hong Kong geprägt. Dieser hat die Betrachtungsweise Morris' auf Dinge angewendet, die er bei den Menschen und auf den Straßen von Hong Kong findet. In seinem Buch beschreibt

Links: Stadtgärtnern muss nicht teuer sein. So zeigt sich ein interessantes Gebilde aus Pallettenhochbeeten auf dem Tempelhofer Feld in Berlin.

Rechts: Neben Pflanztöpfen finden auch alte Milchpackungen als Anzuchttöpfe Verwendung.

Siu den Begriff als ein Synonym für unbedeutende, aber grandiose Gestaltungen. Für ihn sind es die handwerklichen Erzeugnisse und ihre unbeabsichtigte Verwendung oder Modifizierungen, die den Alltag erleichtern und das kreative Potential der Bevölkerung zu Tage fördern. Fundstücke, die im Normalfall wenig Beachtung finden, wie z.B. die vielen Variationen von Kleiderbügeldesigns gehören dazu.

Die Lösung für ein Problem zu suchen und die Antwort darauf selber zu bauen, auch wenn man es nicht gelernt hat – dieses handwerkliche Können ist Lesser Design. Das Experiment ist die treibende Kraft hinter jeder menschlichen Schöpfung, auch wenn sie nicht als Wissenschaft oder unter wissenschaftlichen Gesichtspunkten vollführt wird. Die Fähigkeit eines jeden Menschen, in produzierten Dingen potenziell auch andere Anwendungsmöglichkeiten zu sehen, die vom Produzenten gar nicht erdacht wurden, beruht auf der dem Menschen innewohnenden Neugier, auf Geduld, Kreativität und Freude an Erkenntnis. Der französische Ethnologe Claude Levi-Strauss beschreibt dies in seiner Schrift *La pensée sauvage* (Das wilde Denken) von 1962 als „Wissenschaft des Konkreten". Er sieht den Bastler dabei nicht als verhinderten Ingenieur, sondern als jemanden, der hinter der eigentlichen Funktion noch weitere mögliche Verwendungen sieht.

Do it yourself und Lesser Design vereint im Stadtgärtner
In kaum einem anderen privaten Umfeld als dem Garten hat der Mensch heute mehr die Möglichkeit, sich auszuprobieren und unbesorgt zu experimentieren. Der Garten verzeiht und verändert sich am meisten von ganz allein. Leider verfügen in der Stadt nur sehr wenige Menschen über einen Garten oder die benötigten Flächen, um im traditionellen Sinne zu gärtnern. Sie müssen sich oft mit schwierigen Platz-, Zeit- und Ressourcenverhältnissen arrangieren. Da ist Einfallsreichtum gefragt, um das Bestmögliche aus der Situation zu machen: selbstgebaute Pflanzbehälter zum Gärtnern auf Asphaltflächen, ausgeklügelte Bewässerungssysteme für die heißen städtischen Sommerwochen oder auch Techniken zum Gärtnern in der Vertikale. Der moderne Stadtgärtner macht es selbst.

Parks sind die grünen Lungen einer Stadt. Sie bieten sich als Erhohlungs- und Freizeitort für Städter jeder Altergruppe an. (Gysenbergpark, Herne)

Was bedeutet Stadtgrün für die Großstadt?

Luft

In dicht bebauten Städten bewirkt die enge und teils hohe Bebauung, dass stickige und mit Schadstoffen angereicherte Luftmassen länger zwischen den Gebäuden hängen bleiben, anstatt vom Wind weitergetragen zu werden. Die stehenden Schmutzpartikel in der Stadtluft sind dabei eine Belastung für die Gesundheit nicht nur der Menschen, sondern aller in der Stadt lebenden Wesen.

Pflanzen, besonders vielblättrige Bäume, Nadelbäume und Sträucher, haben eine wichtige luftreinigende Funktion. Sie nehmen CO_2 auf, das in großen Mengen durch den Straßenverkehr, von Industrie und Haushalten aus-

gestoßen wird, und binden es durch Fotosynthese, wobei sie Sauerstoff abgeben. Sie bilden eine Barriere nicht nur für Feinstaub, sondern mildern auch schlechte Gerüche. Gleichzeitig sorgen ihre Blätter durch stetige Verdunstung von Wasser für eine Kühlung der Umgebung. Ihre Wurzeln schützen den Boden vor Erosion.

Wärme

Städte speichern Wärme viel stärker als ländliche Regionen. Wenn sich im Sommer Asphalt und Beton aufheizen und die warme Luft stehen bleibt, entstehen mancherorts sogenannte Hitzeinseln. Hier kühlt sich die Umgebung selbst Nachts nicht mehr genügend ab. Durch die flächendeckende Versiegelung des Bodens in den Städten kann der Regen außerdem nicht an Ort und Stelle versickern und zur Kühlung beitragen, sondern wird in die Kanalisation abgeleitet. Hitzeinseln haben in erster Linie Auswirkungen auf unser Wohlbefinden, besonders auf das von jungen, alten oder kranken Menschen.

Pflanzenwachstum

Pflanzen entnehmen ihre Nährstoffe aus dem Boden. Ein aktives Bodenleben ist für ihren Fortbestand notwendig. Die Versiegelung von Flächen macht das allerdings in zunehmendem Maße unmöglich. Somit leiden Pflanzen in der Stadt im Sommer unter Wasserknappheit. Zusätzlich wird den im Boden lebenden Organismen, die abgestorbenes Material in Nährstoffe umwandeln, durch die systematische Verdichtung des Erdreichs die Lebensgrundlage entzogen. Langfristig ist Nährstoffarmut die Folge davon. Dies schwächt wiederum die Pflanzen, besonders die Stadtbäume, und macht sie anfällig für Schädlinge sowie Pilz- und Viruskrankheiten. Im Winter machen Streusalze der Stadtflora zu schaffen.

Tiere und Pflanzen

Großstädte sind zum Rückzugsort vieler heimischer Tier- und Pflanzenarten geworden, die durch die industrielle Landwirtschaft aus den ländlichen Gebieten verdrängt wurden. Die Vielfalt, die sich in Städten findet, reicht von seltenen Reiherarten bis zu Adlern und Wildschweinen und einer Reihe traditioneller Obst- und Gemüsesorten, die industriell nicht verwendet werden.

Die psychologische Bedeutung von Pflanzen

Von der einfachen Topfpflanze auf der Fensterbank bis zum ausgeklügelten Feng-Shui-Garten – Pflanzen begleiten uns durchs Leben. Sie nehmen einen festen Platz in unseren kulturellen Ritualen ein. Sie sind Geschenke bei Freude und Trauer, sind anwesend bei Hochzeiten, Feiern und Beerdigungen. Sie zeigen uns den Wechsel der Jahreszeiten an und das Voranschreiten der Zeit.

Die Beziehung zu Pflanzen

Die Beziehung des Menschen zu seinen Pflanzen kann nahezu als „zwischenmenschlich" beschrieben werden. In der Tat ist der Mensch dazu geneigt, Beziehungen zu anderen Lebewesen oder Dingen aufzubauen und sie intuitiv zu vermenschlichen. Andererseits ist das auch ein Hinweis auf die Weltanschauung. Der Mensch erhebt die Pflanze vom Objekt zum Subjekt und bestätigt somit ihre Bedeutsamkeit in der Welt.

Von Pflanzen lernen

Mit Pflanzen zu leben, heißt von Pflanzen zu lernen: den Wechsel der Jahreszeiten, den natürlichen Rhythmus von Leben und Vergehen, der die Welt mit Nahrung speist. Viele Stadtgärtner, die sich mit dem Anbau von Obst und Gemüse beschäftigen, beschreiben als Erfahrungen ihre Verbindung zur Natur, ein Lebensgefühl, der Erde nah zu sein, sich selbst zu erden. Wer sich mit mehr als nur genügsamen Zimmerpflanzen beschäftigt, lernt nicht nur wie Pflanzen wachsen, sondern profitiert auch von den Ernteergebnissen. Viele Stadtgärtner beschreiben den Stolz, der sie erfüllt, wenn sie das selbst angebaute Gemüse ernten. Und was man erntet, das isst man auch.

Unheimliche Natur

Aber Grün wirkt nicht immer positiv auf uns. Wildnis, dichte dunkle Tannenwälder, Dschungel und scheinbar unberührte Natur erzeugen in den meisten von uns Unbehagen, teilweise Angst oder sogar Abscheu. Der Mensch sehnt sich nach Kontrasten, nach Spannung und Ordnung. Natur ist chaotisch, Stadtgrün hingegen unterliegt einer menschlichen Planung und bietet Kontraste, seien es Größen, Farben oder Formen, die die Sinne anregen. Diese Ordnung muss aufrecht erhalten, muss gepflegt werden. „Ungepflegtes Grün wird von Nutzerinnen und Nutzern sehr schnell negativ wahrgenommen und provoziert Vandalismus" (Formann, 2010). Unrat und Abfall auf einem Grünstreifen scheinen mehr Unrat und mehr Abfall anzuziehen.

„And, you know, we're not doing it because we're bored. We're doing it because we want to start a revolution."

Pam Warhurst, Incredible Edible.Todmorden

In diesem privaten Stadtgarten, der sich hinter einem hohen Zaun versteckt, blühen 2 Meter hohe Sonnenblumen. Sie lassen erahnen, dass hier auch andere Erntepflanzen angebaut werden.

Gärtner erobern die Stadt

Stadtgärtnern kann man nicht nur alleine auf dem heimischen Balkon. Wem die Motivation fehlt, sich selber alle Tricks und Kniffe beizubringen oder wer im Bekanntenkreis keine Unterstützer findet, für den ist der Weg in eine Gruppe vielleicht das Richtige. Viele Organisationen haben sich mittlerweile in ganz Deutschland etabliert und bieten neben der Teilnahme an Gartenprojekten auch Informationsveranstaltungen zu verschiedensten Themen an. Um einen kleinen Anreiz zu geben sind im Folgenden die größten und prägnantesten Gruppen beschrieben. Außerdem sind Websites von Organisationen aufgelistet, die mit interessanten Konzepten in anderen Ländern sehr erfolgreich agieren.

Transition Town – Städte im Wandel

Die Transition-Town-Initiative vereint Menschen mit einer bestimmten politischen Haltung und Motivation. Sie sieht eine Zukunft voraus, in der unsere Industriegesellschaft mit weniger Energie auskommen muss. Ihr Ziel ist, dem Ressourcenverbrauch auf lokaler Ebene entgegenzuwirken und ein Bewusstsein für die dramatische Entwicklung und problematische Zukunft einer auf Öl angewiesenen Gesellschaft zu schaffen. Dazu wollen sie die lokale Autonomie und Widerstandsfähigkeit von Gemeinden gegenüber Störungen durch den Markt stärken und gleichzeitig ihren CO_2-Ausstoß verringern.

Ihr Konzept umfasst die Entwicklung durch Praxis, also durch das Experiment. Dabei setzen sie auf die Kreativität der Menschen, mit den ihnen gegebenen Mitteln Lösungen zu finden. Kommunen und Gemeinden üben sich zusammen mit Transition Town darin, durch gemeinschaftliche Projekte Alternativen zum exzessiven Verbrauch nicht-erneuerbarer Ressourcen zu erproben. Diese wollen sie attraktiv für die Bevölkerung machen. Neben gemein-schaftlichen Gartenprojekten setzen sie sich für die Bildung zu den Themen Klimawandel, Nachhaltigkeit und Ölproduktion ein. Die Initiativen veranstalten Themenabende und Kurse z.B. über solidarische Landwirtschaft und Nachhaltigkeit. Offizielle Transition-Town-Mitarbeiter schulen kleinere Initiativen in Aspekten der Organisation und des gemeinschaftlichen Handelns. Sie wollen sie darin ausbilden, gut gemeinschaftlich zusammenzuarbeiten und zeigen Strategien auf, die Menschen zu erreichen und einzubinden. Dem inneren Wandel des Menschen soll ein äußerer Wandel der Umstände folgen.

Urban Gardening

Urban Gardening, das Gärtnern in der Stadt, ist die berühmteste der heutigen Gartenbewegungen. Ihre Projekte zeichnen sich dadurch aus, dass sie sich an der Gemeinschaft als Produzenten orientieren. Jeder kann mitmachen und alle helfen sich gegenseitig. Dabei haben sie die unterschiedlichsten Trägerschaften. Teils werden sie durch Städte oder Stiftungen finanziell gefördert oder sind nebenbei eigenständig wirtschaftlich tätig. So gründeten die beiden Erschaffer des Prinzessinnengartens in Berlin eine GmbH um das Projekt mit weiterem Leben füllen zu können. Neben der gärtnerischen Tätigkeit finden hier Vorlesungen, Workshops, Flohmärkte und die Bewirtung mit Speisen und Getränken statt. Mittlerweile finden sich in fast jeder deutschen Klein- und Großstadt Urban-Gardening-Projekte – viele davon befinden sich allerdings noch in den Kinderschuhen.

Beim Urban Gardening geht es hauptsächlich um die persönliche Erfahrung des Anbaus. Zu sehen und verstehen zu lernen, wie unsere Nahrung wächst und welche Faktoren dabei eine Rolle spielen, steht im Vordergrund. Dabei achten die Gärtner auf eine nachhaltige Bewirtschaftung der gärtnerischen Kulturen sowie ihre umweltschonende Produktion. Außerdem gehört der bewusste Konsum der geernteten Erzeugnisse dazu.

Auch die Wiederverwertung von Abfallmaterialien ist Teil des urbanen Gärtnerns. Sie ermöglicht das Stadtgärtnern auch für Menschen, die über wenig Geld verfügen. Viele Gärten sind mobil gebaut, sodass sie Besitzansprüchen am Stadtland schnell Platz machen können: diese Mobilität macht sie attraktiv für städtische Beamte. Sie müssen den Gärten somit keine längerfristigen Zugeständnisse machen. Dabei laufen Urban-Gardening-Projekte allerdings Gefahr, von einem Ort zum anderen geschickt zu werden. Den politischen Boden für eine stärker abgesicherte Zukunft der Gärten in der Stadt zu schaffen, ist deshalb auch ein Ziel der Organisationen.

Urban Gardening hat viele Formen hervorgebracht. Manche Gärten haben es sich zur Aufgabe gemacht, die Gemeinschaft von Menschen unterschiedlicher Herkunft zu fördern: Sie nennen sich interkulturelle Gärten. Mit den Selbsterntegärten haben Landwirte und Geschäftsleute die Möglichkeit geschaffen, durch den Trend Geld zu verdienen, indem sie vorbestellte Flächen an Interessenten verpachten oder diese Verpachtung vermitteln. Dieses System ist vor allem für Vielbeschäftigte geeignet, da der Bauer oder Veranstalter sowohl die Aussaat übernimmt als auch mit Rat und Tat zur Seite steht.

Incredible Edible – die essbaren Städte

Diese Organisation hat sich in der ehemaligen Industriestadt Todmorden in South Wales, England formiert. Die Organisation will die Menschen zu einem verantwortungsvollen Umgang mit der Welt und zur gemeinschaftlichen Sicherung einer guten Existenzgrundlage führen. Ebenfalls ist es ihr Ziel, Menschen mit ihren lokalen Produzenten zu vereinen und so die lokale Wirtschaft zu stärken. Ihr Weg ist die Gemeinschaft und das Learning by Doing, vom Feld in den Klassenraum in die Küche.

Die Idee der Gründer um Pam Warhurst und Mary Clear war es, die ungenutzten oder schlicht begrünten Flächen in der Stadt zum Anbau von Nutzpflanzen umzugestalten und die Ernte jedem Bewohner, jedem Passanten oder Touristen zur Verfügung zu stellen. Sie gärtnern hauptsächlich in Hochbeeten, um Verschmutzungen des Gemüses und der Hochbeet-Umgebung zu vermeiden. Das Gärtnern und die Pflege übernehmen dabei viele Freiwillige, die auch von der Ernte profitieren. Örtliche Grundbesitzer wie z.B. Immobiliengesellschaften haben sich ihnen angeschlossen und bieten ihren Mietern kostenlose Samenpakete und Hilfe zur Beteiligung. Auch die Bahnbetreiber erlauben das Pflanzen von Kräutern auf ihrem Gelände. Ein Altenheim verfügt nun über Hochbeete, vor einem Ärztehaus wurden die Koniferen durch Gemüse ersetzt und auf dem Gelände der Feuerwehr- und Polizeistation wurden Obstbäume gepflanzt. Ein anderer Arbeitsbereich der Organisation ist die Zusammenarbeit mit lokalen Produzenten, wie den Hühnerfarmen der näheren Umgebung. Eine Kampagne mit Spielen und Informationen sowie die Erstellung einer *Todmorden Egg-Map* haben 2009 viel Aufmerksamkeit erregt. Desweiteren statteten sie die Todmorden Highschool mit einer aquaponischen Anlage aus, in der die Schüler lernen Salat und Fisch anzubauen.

In Deutschland hat das Konzept Nachahmung in der Essbaren Stadt Kassel und der Essbaren Stadt Andernach gefunden. Hier heiß es „Pflücken erlaubt" statt „Betreten verboten" (Stadtverwaltung Andernach, Stand 2015).

Urban Farming

Beim Urban Farming zieht die richtige Landwirtschaft in die Städte. Im Gegensatz zum Urban Gardening wird Urban Farming auf kommerzielle Weise genutzt, um Produkte für den Verkauf und Arbeitsplätze zu schaffen. Dazu werden auf Dächern von Gebäuden und Parkhäusern, auf Brach- und Freiflächen Stadtfarmen angelegt, die auf die längerfristige Produktion im kleinen Betrieb setzen. Biologisch, nachhaltig und nah am Konsumenten.

Garteninitiativen in Deutschland

transition-initiativen.de
urbane-gaerten-muenchen.de
urbaneoasen.de
urban-gardening.berlin
prinzessinnengarten.net
neuland-koeln.de
gartendeck.de
urbanstuttgarten.de
gemeinschaftsgartenessen.wordpress.com
gemeinschaftsdachgaerten.de
gartenpiraten.net
essbare-stadt.de

Dabei werden viele Arten des Anbaus angewendet. Hydroponische und aquaponische Farmen setzen auf mit Nährstoffen angereichertes Wasser oder Fische für die Nährstoffzufuhr. Die Kombination von Fisch- und Gemüseproduktion bildet hier einen Kreislauf, welcher der Natur nachempfunden ist.

Das Paradebeispiel für innerstädtische Farmen bietet die Stadt Detroit, deren Einwohnerzahl nach dem Wegbrechen der Industrie um 55% auf knapp 900 000 Einwohner geschrumpft ist. Unendliche Brachflächen und leerstehende Gebäude prägen das Stadtbild. Über 30% der Bewohner sind arbeitslos. Vor einigen Jahren haben sich Organisationen gegründet, welche die Zukunft Detroits in urbanen Farmen sehen. Sie bringen den Menschen bei, Lebensmittel in ihren Hinterhöfen oder auf Brachflächen nachhaltig und ökologisch anzubauen. Fast tausend dieser kleinen Farmen gibt es bereits. Sie sind die einzigen, die die Bevölkerung noch mit frischen Lebensmitteln versorgen. Für viele ist die Investition in urbane Farmen eine Zukunftsperspektive. Auch Großinvestoren haben Detroit bereits ins Auge gefasst. Die Firma Hantz Farms erwarb 56 Hektar Stadtland, um eine riesige Obstplantage anzulegen. Hantz Farms selbst bezeichnet sich als größtes Urban Farming der Welt. Im Gegensatz zu den Kleinbauern will sie allerdings nicht auf den Einsatz von Pestiziden verzichten. So wird Detroit nun zum Beispiel für andere schrumpfende Städte, wie landwirtschaftlicher Anbau in der Stadt funktionieren kann und wie man aufgebrochene Stadtstrukturen wieder zusammenfügt.

Guerilla Gardening

Beim Guerilla Gardening geht es darum, die vernachlässigten Stellen im Stadtraum für sich einzunehmen, Blumen zu pflanzen und kahle Stellen im Stadtraum neu zu gestalten. Dabei steht nicht der Anbau von Nutzpflanzen, sondern einfach die Verschönerung durch Blütenpflanzen im Vordergrund. Guerilla Gardening wird hauptsächlich von kleineren Gruppen oder Einzelpersonen betrieben und benötigt im Gegensatz zu anderen Stadtgärtnerformen keine langwierige Organisation.

Bekannt geworden ist Guerilla Gardening durch den Engländer Richard Reynolds, der seit über 10 Jahren in Londons Stadtteil Elephant and Castle agiert. Zusammen mit anderen Guerilla Gärtnern säubert und bepflanzt er in nächtlichen Aktionen das Stadtgebiet rund um seinen Wohnort. Teilweise tarnen sie sich dabei als Straßenarbeiter, um ungestört agieren zu können, denn was sie machen wird in Großbritannien als Vandalismus angesehen. So wurde für Reynolds die Leidenschaft zum Gärtnern mit der Zeit auch zum politischen Diskussionsthema: Er musste sich gegen das Desinteresse von Verantwortlichen aus dem Gemeinderat der Stadt durchsetzen, die nicht nur uninteressiert an der Instandhaltung der vorhandenen Flächen waren, sondern Reynolds neu bepflanzte Flächen zum Teil auch wieder zerstörten. Mittlerweile hat Reynolds mehrere Bücher veröffentlicht und hält weltweit Vorträge. Guerilla Gardening hat sich indes zu einem weltweiten Phänomen entwickelt.

Baumscheiben und kleine Gärten im Stadtraum, die durch Anwohner gepflegt werden; sind wie bunte Inseln am Straßenrand.

Das Gärtnern im öffentlichen Raum

Wie bekomme ich das Okay für eine Baumscheibe? Wen muss ich ansprechen, wenn ich einen Gemeinschaftsgarten errichten will? Wo kann ich meinen Gartenboden auf Schadstoffe testen lassen? Darf ich hier pflanzen? Das ist in jeder Stadt verschieden. Viele Fragen lassen sich aber bei der Suche im Internet beantworten. Schlagworte hierzu sind in der Liste auf der rechten Seite aufgezeigt. Da die betreffenden Organisationen von Stadt zu Stadt anders heißen, wird hier auf eine Adressenliste verzichtet.

Baumscheiben und Gemeinschaftsgärten organisieren

Stadtverwaltungen sollten sich im Normalfall immer über das Engagement ihrer Bürger freuen. Bei der momentanen finanziellen Situation der Städte bedeutet es eine Entlastung, da sie die angefragten Stücke nicht mehr pflegen lassen müssen. Insofern ist die Beschaffung einer Baumscheibe meist relativ einfach. Man fragt beim zuständigen Grünflächenamt nach bzw. sagt dort Bescheid, welche Baumscheibe in welcher Straße man von nun an pflegen will. Dies ist notwendig, damit durch städtische Pflegear-

beiten die eigenen Pflanzungen nicht zerstört werden. Meistens sind hiermit schon alle Formalitäten erledigt. Manche Städte wie Bonn stellen dem Baumscheibengärtner selbst die Pflanzen zur Verfügung. Stadtteilvereine wie der eva e.V. in Köln-Ehrenfeld oder der AK WUV in Essen-Altendorf haben es sich zum Ziel gesetzt, Grünpatenschaften für Baumscheiben zu vermitteln und übernehmen die Organisation mit der Stadt.

Städtische Grünflächenämter müssen sichergehen, dass den Stadtbäumen durch die privaten Pflegemaßnahmen nicht geschadet wird. Viele Städte haben daher Regeln aufgestellt, was erlaubt ist und was nicht. Diese finden Sie meist auf der Internetseite ihrer Stadt. Diese Regeln können von Stadt zu Stadt sehr voneinander abweichen, weshalb man sich im Vorfeld gut informieren sollte.

Urban-Gardening auf Stadtland – in vielen Fällen handelt es sich um potentielles Bauland, aufgegebene Spielplätze oder Restflächen – ist schon schwieriger durchzusetzen.

Freie Flächen sind in Großstädten ein teures Gut, wirtschaftliche Interessen stehen in Vordergrund. Allerdings machen die knappen Haushalte der Städte ein Auslagern der Pflegearbeiten an Freiwillige erstrebenswert.

Urban-Gardening-Projekte benötigten vorab ein hohes Maß an Organisation, vor allem von Seiten der Stadt, was einige Monate in Anspruch nehmen kann. Viele Städte verlangen als Ausgangsgrundlage von den Gärtnern, einen Verein zu gründen, was ebenfalls einige Zeit in Anspruch nehmen kann. Einen Verein als Ansprechpartner zu haben ist für die Städte ein Sicherheitsmerkmal, da er klaren gesetzlichen Regelungen unterliegt. Die Frage der Haftung bei Unfällen und verursachten Schäden ist hier ausreichend geklärt. Außerdem erhält ein Verein leichter Spendengelder. Auch ohne Vereinsgründung wird es zwangsläufig eine „juristische Person" geben müssen, die im Notfall haftet. Ein Haftungsfall ist aber recht unwahrscheinlich, zudem können mehrere Personen gleichzeitig die „juristische Person" sein. Gehen Sie also nicht unbedingt auf die Forderung nach einer Vereinsgründung ein. Sie bedeutet ein hohes Maß an Bürokratie, ist nicht zwingend notwendig für das erfolgreiche Entstehen eines Gartens und läuft meist auch dem dynamischen Konzept der unkomplizierten Beteiligung zuwider, welche die meisten Gärten anstreben. Schlagen Sie Ihrer Stadt alternative Konzepte vor, die den bürokratischen Aufwand minimieren, wie z.B. eine Einverständniserklärung zum Ab- und Rückbau der Fläche, sollte der Garten einmal aufgegeben werden und der Verpflichtung der Erhaltung der Ordnung im Garten, mit Unterschriften und Kontaktdaten aller teilnehmenden Gärtner. Oder schließen Sie sich einem schon bestehenden Verein an, der diese Aufgabe für Sie übernimmt, wie z.B. einer Transition-Town-Initiative oder einer überregionalen Umweltorganisation.

Um einen Gemeinschaftsgarten dauerhaft zu halten brauchen sie vor allem Mitstreiter. Dafür lohnt sich ein Aufruf in diversen Internetportalen, dem örtlichen Stadtteilbüro

Suchbegriffe zur Stadtgartenorganisation

- Stadtteilverwaltung
- Grünflächenamt
- Grünpatenschaft
- Umweltbundesamt
- Verbraucherschutz
- Allmende
- Nabu – Naturschutzbund
- BUND – Freunde der Erde
- Bodenanalyse
- Urban Gardening

Gemeinschaftsgärten organisieren:

- Mitstreiter werben
- Stadtteilverwaltung ansprechen
- Gartenkonzept erstellen
- Regelkatalog erstellen
- Ortsbegehung mit Grünflächenamt
- Bodenproben nehmen
- Haftungsfragen klären
- Pflegemaßnahmen absprechen
- Antrag bei der Bezirksverwaltung stellen
- Anwohnern das Projekt vorstellen
- Öffentliche Bekanntgabe durch Zeitungsartikel, Soziale Medien, Internetforen, Website, Gartenblog, Videotagebuch etc.
- Vernetzung mit anderen Gartenprojekten
- Mitmachmöglichkeiten öffentlich machen
- Material sammeln
- loslegen

oder über Email-Verteiler von Hochschulen, Vereinen und Organisationen. Hat man Mitstreiter gefunden, sollte man sich mit der Stadtteilverwaltung (SV) oder dem Grünflächenamt in Verbindung setzten und nach geeigneten Flächen fragen. Die Bezirksverwaltung, bestehend aus den Stadtteilverwaltungen, hat im Endeffekt die Entscheidungsgewalt. Deshalb sollte die SV möglichst zu Beginn mit ins Boot geholt werden. Ist eine Fläche gefunden, vereinbart man eine Begehung mit dem Grünflächenamt, um Informationen über die Fläche zu bekommen und das Konzept der zukünftigen Bepflanzung und Pflege zu besprechen. In den meisten Fällen müssen auch Bodenproben genommen und ausgewertet werden, um eine etwaige Verseuchung mit Chemikalien auszuschließen. Diese wird vom Grünflächenamt organisiert und dauert auch wieder einige Wochen. Ist die Fläche soweit in Ordnung, stellt das Grünflächenamt der Bezirksverwaltung einen Antrag. Wird dieser Antrag bewilligt, hat man es geschafft: ein neuer Gemeinschaftsgarten ist entstanden.

Auch die Meinungen der Anwohner können Einfluss auf die Entscheidung der Ämter nehmen. Beziehen Sie die Anwohner auf jeden Fall ein, indem Sie ihnen Ihr Projekt präsentieren. Dies kann im Vorfeld Fragen klären und Spannungen zwischen den Seiten herausnehmen. Betonen Sie gegenüber den Verantwortlichen immer die Vorteile, die ein Gemeinschaftsgarten mit sich bringt. So kann die reine Anwesenheit der Gärtner Vandalismus und Vermüllung der Umgebung vermindern, was Gemeinschaftsgärten im Zusammenspiel mit öffentlichen Parks sinnvoll macht. Ein erfolgreiches Beispiel dafür ist der Naerumpark in Kopenhagen, wo eine Kleingartenkolonie mit 50 Obstgärten in einen öffentlichen Park integriert ist.

Allmende und das Pflücken aus dem Stadtraum

„Allmende" bezeichnet das gemeinsame Eigentum einer lokalen Gemeinschaft und darf von jedem Mitglied dieser genutzt werden. Zur Allmende zählen neben Nutzpflanzen im Allgemeinen auch Wege, Wälder oder Gewässer.

Ihre Nutzung durch Personen ist durch Regeln festgehalten. Diese sehen u.a. vor, dass auch nachfolgende Generationen noch von den Gütern profitieren sollen.
In den Großstädten findet sich Allmende noch in Form vereinzelter Obstbäume und Beerensträucher. Zumeist stehen diese entlang von Eisenbahntrassen, an öffentlichen Wegen oder in ehemaligen Gärten. Die Webseite www.mundraub.de sammelt und präsentiert Standorte von freien Bäumen und Sträuchern. Diese dürfen von jedem für den Eigengebrauch beerntet werden, jedoch nicht für kommerzielle Zwecke. Dabei ist die Rücksichtnahme auf andere Pflücker gefragt. Auch sollte man sich versichern, dass es sich nicht um Privateigentum handelt.

Da die Allmende Allgemeingut ist, bedarf es auch der Pflege durch die Gemeinschaft, um ihren Erhalt zu sichern. Es gibt einige Organisationen, die sich um den Erhalt von öffentlichen Obstwiesen oder ähnlichem bemühen. Informationen hierzu findet man u.a. auf der Seite des NABU oder anderer örtlicher Gruppen.

Vielfalt vs. Sicherheit

Viele Städter wünschen sich blühende Paradiese vor ihrer Haustüre, blumenprächtige Vielfalt und Abwechslung in der Stadtbegrünung. Aus Sicherheitsgründen ist es allerdings nicht möglich, jegliche Pflanze im öffentlichen Stadtraum anzusiedeln. Die Rede ist zum einen von giftigen Pflanzen, die nicht in Kinderhände gelangen dürfen, und zum anderen von Blütenpflanzen, die vermehrt Stechinsekten wie Bienen oder Hornissen anziehen. Dies schließt viele schön blühende Pflanzen mit ein, wie zum Beispiel den giftigen Eisenhut mit seinen meterhohen Blütenständen. Dasselbe gilt auch für Frucht- und Nussbäume, deren Pflege aufwendig ist und deren Früchte, wenn ungeerntet, vor allem Ratten und andere Kleintiere ernähren und zu deren Vermehrung beitragen.
Achten Sie beim Pflanzen oder Guerilla-Gärtnern im öffentlichen Raum darauf, keine giftigen oder in irgendeiner Weise gefährlichen Pflanzen zu säen. Auch bei Impor-

ten aus Asien ist Vorsicht geboten, da sie sich in unseren Breitengraden invasiv ausbreiten können. Ein Beispiel dafür ist der japanische Staudenknöterich: einmal angesiedelt, verbreitet er sich rasant und ist auch mit viel Anstrengung nicht mehr zu entfernen.

In Naturschutzgebieten ist weder das Pflanzen noch die Entnahme von Pflanzen gestattet. Sie sind tabu. Dies gilt auch für das Auswerfen von Samenbomben.

Bepflanzbare Orte

Mauern, Wände, Fassaden

Die moderne Mauergestaltung bietet dem Guerillagärtner einige Möglichkeiten. Die Rede ist hier von den mit Steinen aufgefüllten Stahlseilkästen, den Gabionen. Die Bepflanzung der Zwischenräume oder Nutzung des Gerüsts als Rankhilfe bietet sich an. Kapuzinerkresse oder schnell rankende einjährige Pflanzen nehmen diese grauen Wände ebenso gut für sich ein wie Kürbis- oder Bohnenranken. Samenbomben sind hier ebenfalls ein gutes Mittel zur Bepflanzung.

An glatten Hausfassaden bleibt oft keine Möglichkeit der eigenständigen Begrünung. Lediglich auf Fenstersimsen lassen sich Balkonkästen anbringen und pflegen. Hier müssen die Kästen mit Metallriemen oder sonstigem an der Fassade befestigt werden, wofür das Einverständnis des Hausbesitzers benötigt wird. Fassadenbegrünung ist generell Sache des Vermieters oder Hausbesitzers. Mieter können sich allerdings bei ihrer Stadt informieren, ob Fördergelder für Hausbegrünungen bereitgestellt werden. In vielen Ruhrgebietsstädten gibt es diesbezüglich mehrjährige Förderprogramme. Fassaden- und Dachbegrünungen dienen nicht nur der Verschönerung und Wertsteigerung eines Objektes, sie wirken auch isolierend und klimaregulierend auf die Wohnräume.

Oben: Eine Kürbispflanze erobert eine Gabionenwand.
Unten: Ein Ladeneingang wird durch einen schweren Pflanzkübel aus Metall geschmückt und lädt ein das Geschäft zu betreten.

Auf privaten Mauern können durch Kübelpflanzen schöne Akzente gesetzt werden. Verwenden Sie hier am besten schwere Kübel aus Stein oder Metall, die auch bei Wind Stehvermögen zeigen, oder befestigen Sie Behälter aus Plastik dementsprechend.

Vordächer, Vorsprünge

Zur Begrünung von Vordächern und Vorsprüngen eignet sich neben der klassischen Dachbegrünung vor allem die Verwendung von Kübeln und Kästen. Hier muss darauf geachtet werden, dass diese durch Metallbefestigungen sturmfest gemacht sind. Außerdem muss die Traglast des Daches ermittelt werden, um die Art der Begrünung richtig wählen zu können. An schwer zugänglichen Orten bieten sich hauptsächlich pflegeleichte Kleinbüsche sowie Gräser und Farne zur Begrünung an. Man sollte sich vor der Installation auch Gedanken über eine Sommerbewässerung machen. Ideen dazu sind im Kapitel Bewässerungen vorgestellt. Wenden Sie sich bei Fragen oder größeren Begrünungsvorhaben unbedingt an einen Fachmann. Vordächer, die in den öffentlichen Raum ragen, z.B. über Gehwege, sollten ausschließlich in Zusammenarbeit mit einem Fachmann begrünt werden.

Haus- und Ladeneingänge

In vielen Klein- und Altstädten sind blühende Kübel oder Blumenampeln als Verschönerung von Ladeneingängen weit verbreitet. Vielen Pflanzen reicht oft auch schon eine relativ kleine Öffnung im Boden, um überleben zu können. Dazu gehören unter anderem auch einige Kletterrosen-Sorten. Zum Schutz der Pflanzen sollten an vielbelebten Straßen Rundgitter um den Stamm angebracht werden. Steinkübel bieten als Vorteil den Schutz vor Hundeurin, welcher der Pflanze schaden könnte.

Wenn Sie direkt in den Boden an Ihrer Fassade pflanzen wollen, informieren Sie sich vorab gründlich über die Pflanzen, ihr Wurzelwachstum und ihre Rankhöhe. Wählen Sie Pflanzen, die Trockenheit vertragen und keine allzu großen Wurzelstränge bilden. Sollten Sie Fragen haben, kann Sie ein Fachmann über die Wechselwirkungen von Pflanzen und Gebäuden informieren.

Aufmerksamkeit schaffen

Pflanzen werden nicht nur zur ästhetischen Verschönerung eingesetzt, sondern sie geben auch Möglichkeit zur kreativen Kommunikation. Guerilla-Gärtner und Künstler haben sich schon mit der Materie befasst und urbane Interventionen im Stadtraum initiiert, um Verwunderung zu schaffen und Dialog anzuregen. Beispiele sind das Auffüllen und Bepflanzen kleiner Schlaglöcher mit Erde und Blumen oder die Verwendung von dick beklebten Plakatwänden als Pflanzbehälter. Auch das zeitweise Besetzen und Begrünen von Parkplätzen an belebten Straßen gehört dazu. Letzteres ist das Konzept der alljährlichen Park(ing) Days, die durch die Besetzung und Gestaltung Aufenthaltsorte und Treffpunkte schaffen und zur Kommunikation an und mit einem Ort beitragen. Auch grüne Graffiti, sogenannte Moosgraffiti kommt zum Einsatz.

Die schwierige Situation der Stadtbäume

Bäume haben es in der Stadt nicht leicht. Ihr Lebensraum, vor allem der Wurzelraum wird durch die Versiegelung der Flächen sehr beengt, sie leiden im Sommer häufig unter Wassermangel und ihre Schutzbarriere, die Rinde wird durch wildes Plakatieren, durch Annageln und Einschnüren angegriffen. In vielen Städten ist der komplette Bestand bestimmter Baumarten von Viruserkrankungen befallen. Viele heimische Arten können gar nicht mehr in unseren Städten überleben, weshalb immer mehr robustere Bäume aus wärmeren Erdregionen in unsere Städte eingeführt werden müssen. Je nachdem, wie flach eine Baumart wurzelt, liegen ihre Wurzeln mehr oder weniger nah der Erdoberfläche. Die Wurzeln versorgen den Baum mit Wasser, Nährstoffen und Sauerstoff. Graben im Wurzelraum kann zu ihrer Beschädigung führen. Das Aufschütten von Erde oder deren Befestigung und Verdichtung durch schwere Gefäße, durch Festtreten, Darüberlaufen oder Befahren verringern die Sauerstoffversorgung der Wurzeln und verhindern ein ausreichendes Versickern von dringend benötigtem Regenwasser. Hundeurin und Exkremente tragen schnell zur Übersäuerung des Bodens bei, besonders wenn nur wenig Erdzugang vorhanden ist.

Baumscheiben richtig pflegen

Die Regeln der richtigen Pflege sind überschaubar. Um Baumscheiben richtig zu pflegen ist es vor allem wichtig, die Erde locker zu halten und sie vor dem Betreten durch Fußgänger, Hunde sowie dem Befahren durch Autos zu schützen. Auch sollten vor allem junge Bäume während der Sommermonate regelmäßig gegossen werden. Viele neu gesetzte Bäume verfügen dafür über einen installierten Gießwasserzugang.

Baumscheiben bepflanzen

Schon ein winziger Drahtzaun macht jedem klar, dass über diesen Ort gewacht wird. Auch das Setzen kleinwüchsiger Buchsbaum- oder Efeuhecken hält Fußgänger vom Betreten ab. Setzsteine sollten möglichst nur an den Ecken einer Baumscheibe zum Einsatz kommen. Mancherorts sind sie allerdings gänzlich verboten. Auf keinen Fall dürfen sie auf den Wurzeln angebracht werden! Pflanzen Sie ausschließlich flachwurzelnde Pflanzen wie Blumen, Gräser oder kleine Stauden. Hohe Gehölze oder andere Bäume machen dem Baum zu viel Konkurrenz um Wasser und Nährstoffe. Auch dornige, giftige oder kletternde Gewächse dürfen nicht gepflanzt werden. Generell sollten keine Pflanzen gesetzt werden, welche die Höhe von einem Meter übersteigen.

Regeln für das Bepflanzen des öffentlichen Raumes:

- Bürgersteige mit weniger als zwei Meter Breite dürfen nicht zugestellt werden.

- Die Begrünung muss stabil sein, um weder bei Sturm noch Vandalismus Schäden anzurichten.

Pflege einer Baumscheibe

- Lockern Sie lediglich die oberen 25 cm Erde der Baumscheibe.

- Entfernen Sie Müll und Steine.

- Da die Bäume regelmäßig kontrolliert werden, muss der Stamm frei zugänglich bleiben.

- Ihre Pflanzungen dürfen nicht in den Straßenraum oder auf den Gehweg ragen und keinesfalls die Sicht auf den Verkehr versperren.

Pflanzenempfehlung für Baumscheiben

In Sonne und Halbschatten, einjährig: Geranien, Petunien, Studentenblumen oder Ringelblumen.

In Sonne und Halbschatten, mehrjährig: Mahonie, Johanniskraut, Fingerstrauch, Spierstrauch, Dickanthere, Kranzspiere oder Lavendel, bodendeckende Rosen, Efeu.

Im Schatten: Farne, Begonien.

Im Frühling: Tulpen- und Narzissenzwiebeln.

Nr. 1

15 € | 0:30 h

Eimer

Tonerde 5 Teile

Erde oder Kompost 3 Teile

Samen 1 Teil

Wasser 1 Teil

Backpapier

Samenbomben

Samenbomben sind kleine geformte Erdkugeln aus nährstoffreicher Erde und Wasser, in die Samen eingearbeitet sind. Mit ihnen lassen sich gut Zwischenräume und schwer zugängliche Stellen begrünen. In Mauerritzen gesteckt oder über Zäune geworfen erobern sie den Straßenraum und sorgen für blühende Überraschungen am Wegesrand.

Probieren Sie alle möglichen Samen aus. Vor allem anspruchslose Blumenmischungen versprechen Erfolg. Sollte keine Tonerde erhältlich sein, kann man auch biologisches Katzenstreu verwenden, welches ebenso gut Wasser speichern kann.

1   Tonerde, Erde und Samen
    in Eimer vermischen.

2   Wasser hinzugeben, bis eine
    formbare Masse entsteht.

3   Kügelchen mit Kaffeelöffel
    oder Eiskugellöffel formen und
    auf Backpapier legen.

4   Ein bis zwei Tage auf Backpapier trocknen lassen oder für
    4–5 Stunden bei 40° C im geöffneten Backofen trocknen.

    Ohne Trocknung fangen die
    Samenbomben innerhalb
    weniger Tage an zu keimen.

5   Samenbomben auswerfen oder
    gezielt platzieren.

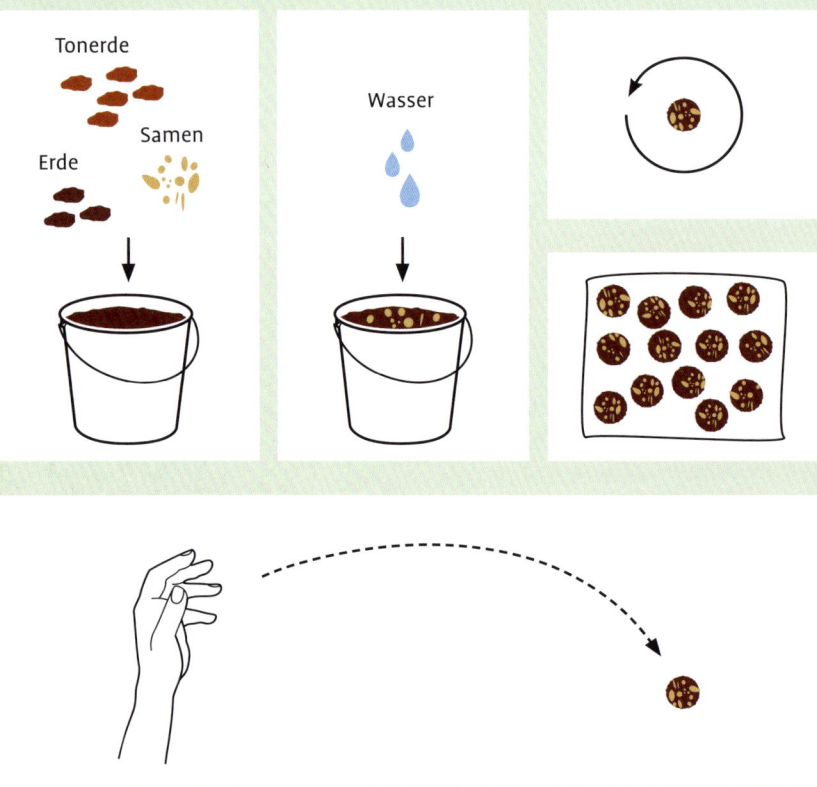

Nr. 2

5 € | 1:00 h

Moosstücke
Joghurt 2 Tassen
Zucker ½ Teelöffel
Bier nach Bedarf
Mixer
Pinsel

Moosgraffiti

Moosgraffiti sind die neue biologische Variante der Street-Art. Sie erzeugen positive Verwunderung und sind dabei unschädlich für ihren Untergrund, seien es rohe Mauern oder gestrichene Fassaden.
Man kann die Graffiti aus einzelnen Moosstücken zusammensetzen oder aber für detailreiche Designs auch dichte Moosbahnen nach einer Schablone zurechtschneiden. Der benötigte Kleber, der die Moosstücke in der Vertikalen hält, bis sie angewachsen sind, besteht aus Moospartikeln, die mit einer verdickten Nährstofflösung, bestehend aus Joghurt, Bier und Zucker gemischt wird.

1   Moosstücke waschen und mit übrigen Zutaten in einen Mixer geben.

2   Mooskleber an einer saugenden, nordseitigen Fläche aufstreichen.

3   Moosstücke fest aufdrücken.

4   Das Graffiti mehrere Wochen täglich feucht ansprühen.

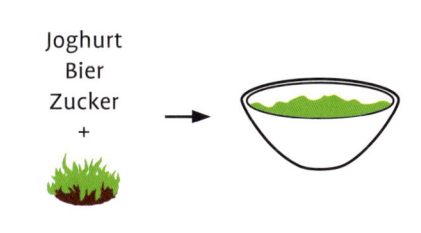

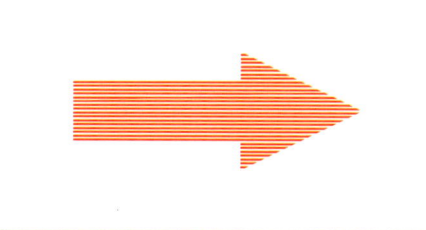

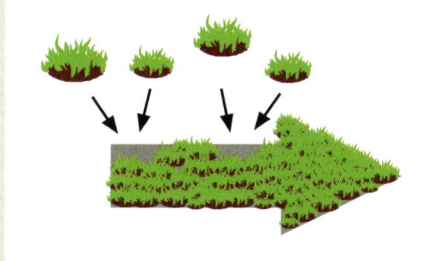

Die Grundprinzipien des Urban Gardening

Ein Stadtgarten ist eine schöne Angelegenheit, wenn er blüht und gedeiht. Damit dies geschieht, braucht es viel Pflege und Zeit: Die Ansprüche jeder einzelnen Pflanze an ihre Umgebung sind unterschiedlich und wollen erfüllt werden. Für den Freizeitgärtner mit Vollzeit-Job kann dies zur Herausforderung werden. Vor allem in den heißen Sommermonaten, wenn die Pflanzen sehr viel Wasser brauchen, ist der Pflegeaufwand hoch. Urban Gardening ist insofern nicht nur eine ökologische, sondern auch eine zeitliche und technische Herausforderung. Wie in allen Lebensbereichen heißt die Lösung hier: Automatisierung und Organisation.

Platz sparen

Das erste Problem, auf das Stadtgärtner in der Regel stoßen, ist das des vorhandenen oder eher nicht vorhandenen Platzes. Viele Stadtgärtner sind Balkongärtner, die mit wenigen Quadratmetern Fläche auskommen müssen. Aber auch in Gemeinschaftsgärten braucht es einige Planung, um die vorhandene Fläche sinnvoll zu nutzen.

Lücken nutzen

Bei Platzproblemen gibt es verschiedene Lösungsansätze: Auf kleinen oder verwinkelten Flächen kann es sich lohnen, viele kleine Behälter zu nutzen anstelle von wenigen großen, da sie in jede Lücke passen. Dabei ist allerdings zu bedenken, dass kleine Gefäße mehr Arbeit bei der Bewässerung machen. Versuchen Sie deshalb viele kleine Töpfe, z.B. Tontöpfe, in einer Schale zusammenzufassen, über die diese dann gewässert werden können. Oder ver-

binden Sie alle Töpfe über ein Tropf-System mit einem Wasserrevervoir, aus dem sich die Pflanzen mit Wasser versorgen können.

Vertikal bauen

Bei Platzproblemen in der Horizontalen, wenn Sie nicht weiter in die Breite gehen können, nehmen Sie den Weg nach oben, in die Vertikale. Sie können Töpfe verschiedener Größe übereinanderstapeln oder mit Abstand übereinander aufhängen. An Vordächern, Pergolen oder Zäunen lassen sich Gefäße ganz einfach befestigen. Sie können sich aber auch eine freistehende Konstruktion überlegen, innerhalb der sie Pflanzbehälter vertikal anordnen können. Durch vertikale Gärten maximieren Sie die Anzahl der Pflanzen pro Quadratmeter Boden.

Wuchsrichtung ändern

Es kann hilfreich sein, die Wuchsrichtung zu variieren. Da sich Pflanzen immer zur Sonne ausrichten, wachsen sie auch aus der Horizontalen und sogar über Kopf Richtung Sonne. Spezielle Behälter sind mittlerweile im Handel erhältlich, können aber auch leicht selber gebaut werden.

Zeit sparen

Zeit ist neben Platz die knappste Ressource der meisten Stadtbewohner. Durch einen strengen Zeitplan lässt sich neben Job und Familie einiges bewerkstelligen. Schöner ist es jedoch, sicher sein zu können, dass auch bei Abwesenheit alles wie gewohnt versorgt wird. Vieles davon lässt sich ohne teure Technik realisieren.

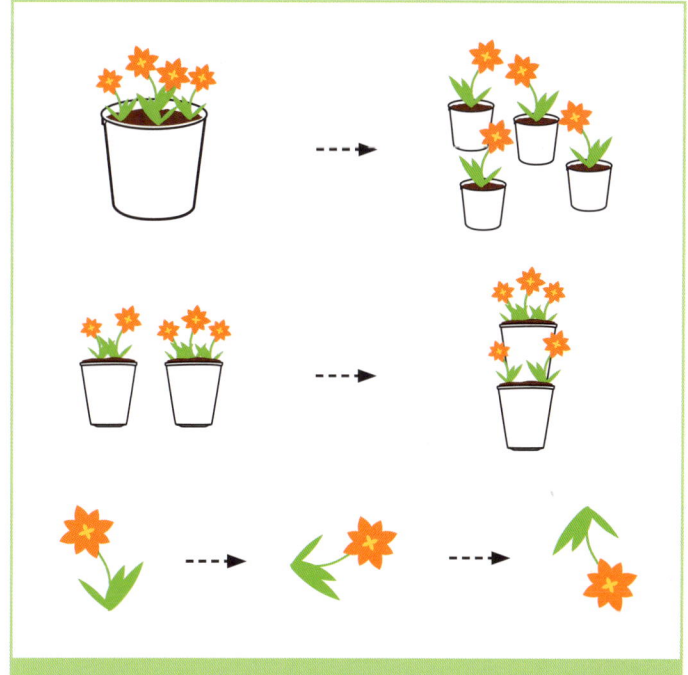

Lücken nutzen, Vertikal bauen, Wuchsrichtung variieren

Umtopfen vermeiden

Vermeiden Sie unnötiges Umtopfen Ihrer Pflanzen. Das erspart Ihnen Zeit und Ihrer Pflanze Stress. Wählen Sie gleich die richtige Topfgröße. Anzuchten aus Samen sollten allerdings aus praktischen Gründen zuerst in kleinen Behältern vorgezogen werden. Verwenden Sie hierfür Klorollen oder Behälter aus Zeitungspapier, können Sie diese gleich mit einpflanzen.

Bewässerung automatisieren

Automatisieren Sie die Bewässerung Ihrer Pflanzen. Besonders das Gießen kann zur lästigen Tätigkeit werden. Abwechselnder Wassermangel und Wasserüberfluss erzeugen zudem Stress für die Pflanzen, was sich in zögerlichem Wuchs und geringerer Fruchtbildung zeigt. Auch das verfrühte Schießen von Kräutern, also die verfrühte Blütenbildung, welche das Absterben der Pflanze einläutet, kann Folge von unsteter Wasserversorgung sein.

Statten Sie ihre Pflanzbehältnisse mit Wasserreservoiren aus oder fassen Sie sie zusammen, indem Sie sie über ein gemeinsames Bewässerungssystem verbinden. Anleitungen und Inspirationen dafür erhalten Sie im Kapitel über Bewässerungen ab Seite 94.

Ordnung halten

Ordnen Sie Ihre Gartengeräte und das Zubehör, sodass Sie jederzeit an alles herankommen. Hilfreich ist auch das Anlegen einer Düngetabelle, in der Sie vermerken, welche Pflanze wann gedüngt wurde bzw. wann gedüngt werden muss und legen Sie eine Übersicht über die Fruchtfolgen der Pflanzbehälter an.

Umtopfen vermeiden: richtige Topfgröße wählen
Bewässerung automatisieren

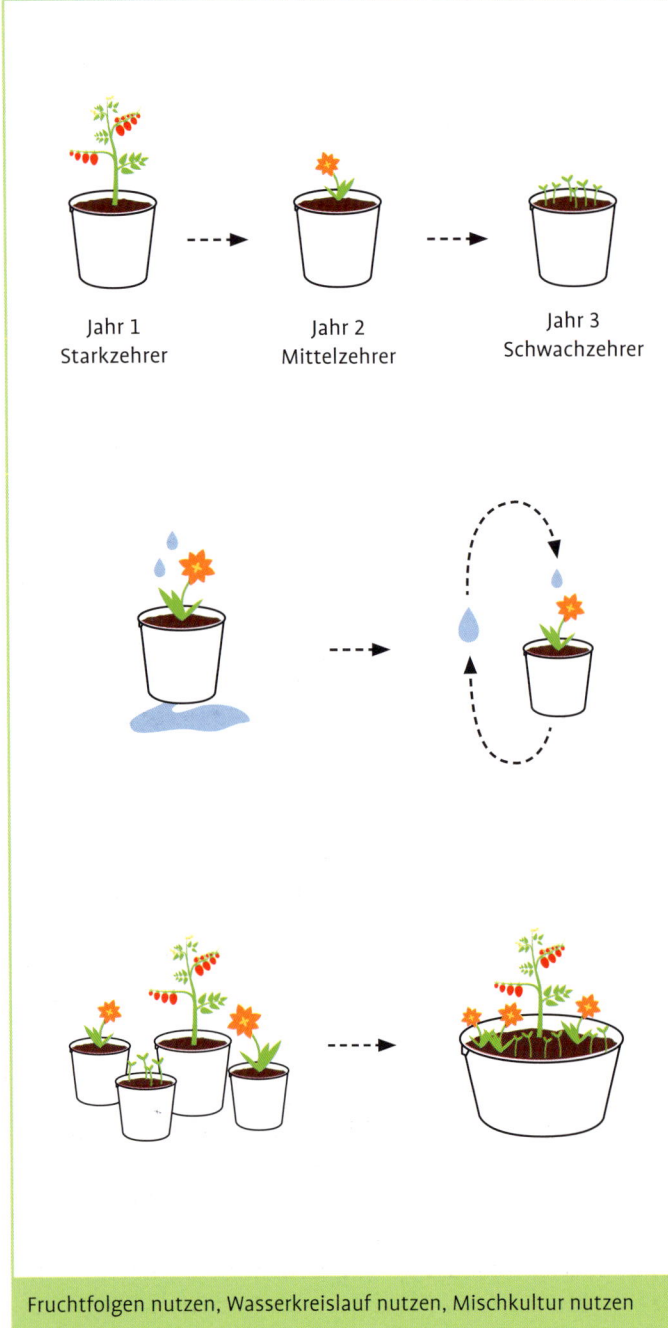

Jahr 1
Starkzehrer

Jahr 2
Mittelzehrer

Jahr 3
Schwachzehrer

Fruchtfolgen nutzen, Wasserkreislauf nutzen, Mischkultur nutzen

Ressourcen sparen

Ressourcen – das sind vorrangig die Mittel, welche die Pflanze verbraucht, für ihr Wachstum nutzt und welche immer wieder zugeführt werden müssen. Hauptsächlich sind das Nährstoffe und Wasser, aber auch Gartengeräte und Behälter stellen eine Ressource dar, bei der Sie u.a Geld sparen können.

Fruchtfolgen nutzen

Nutzen Sie Fruchtfolgen, um das komplette Potenzial Ihrer Erde auszunutzen. Pflanzen Sie nach Starkzehrern wie Tomaten z.B. Schwachzehrer wie Salat. Ihnen reichen die übrig gebliebenen Nährstoffe in der Erde. Gehen Sie jedoch sicher, dass die Erde nicht von Schädlingen befallen ist, bevor Sie sie weiter benutzen. Ausführliche Informationen zu Fruchtfolgen bekommen Sie im Internet oder in anderen Publikationen.

Wasserkreislauf nutzen

Pflanzen brauchen nicht unbedingt Frischwasser aus der Leitung. Der hohe Kalkgehalt unseres Leitungswassers ist mitunter schädlich für die empfindlicheren Pflanzen. Nutzen Sie Regenwasser wo es geht und installieren Sie Wasserkreisläufe, indem Sie Grauwasser reinigen und wiederverwenden.

Mischkultur anlegen

Da sich viele Pflanzen untereinander gut vertragen und sogar unterstützen, indem sie Schädlinge fernhalten oder bestimmte Nährstoffe abgeben, lassen sich Pflanzen gut zusammenfassen. Diese Mischkulturen sind seit jeher Teil der Gartenbaukultur.

Selber bauen

Bauen Sie Ihre benötigten Werkzeuge selber, indem Sie sie aus Haushaltsmaterialien zusammenstellen oder Gegenstände einfach umnutzen. Greifen Sie auf kostenlose Abfallmaterialien von Betrieben zurück.

Wie Pflanzen wachsen

Bevor es daran geht, die konkreten Maßnahmen für das eigene Stadtgärtnern zu planen, ist es sinnvoll sich mit den Prozessen des Pflanzenwachstums auseinanderzusetzen. Pflanzen brauchen Licht, Wasser und nährstoffreiche Böden um zu wachsen und zu gedeihen. Die Anforderungen variieren je nach Pflanzenart und Wachstumsphase.

Licht und Wachstum: die Fotosynthese

Pflanzen nutzen das Licht der Sonne, um daraus Energie für ihre Stoffwechselprozesse zu ziehen. Bei der Fotosynthese stellen die Pflanzen aus dem in der Luft enthaltenen Kohlenstoffdioxid, Wasser und der Lichtenergie Glucose her, die zur Bildung aller wichtigen Stoffwechselprodukte wie Fette, Eiweiße, Stärke, Cellulose, Farbstoffe und Vitamine usw. benötigt wird. Diese Stoffwechselprodukte wiederum dienen zum Aufbau des Pflanzenkörpers und der Energiegewinnung. Desweiteren fällt bei der Fotosynthese als Produkt Sauerstoff an, der über die Blätter an die Luft abgegeben wird und den wir Menschen, die Tiere und einige Bakterien für den Stoffwechsel benötigen.

Verantwortlich für die Fotosynthese sind die Chloroplasten, die sich in den Zellen aller grünen Pflanzenteile befinden. Sie fangen das Sonnenlicht auf und wandeln es in chemische Energie um. Es werden nur bestimmte Wellenlängenbereiche des Lichts von den Chloroplasten verwertet. Die grünen Wellen werden zurückgeworfen, wodurch für unser Auge die Pflanzen grün erscheinen.

Die Fotosyntheserate wird von den Faktoren Wasserversorgung, Kohlenstoffdioxidgehalt der Luft, Lichtintensität und Temperatur beeinflusst und läuft je nach Zusammenspiel langsamer oder schneller ab. Je nach Herkunftsklima der Pflanzenart unterscheiden sich die Ansprüche an diese Faktoren erheblich. Tomaten z.B. gedeihen bei hohen Temperaturen und starker Sonneneinstrahlung gut, Kohl hingegen bevorzugt ein kühleres Klima. Um auch standortfremde Pflanzen erfolgreich kultivieren zu können, setzen Gärtner Gewächshäuser ein. In ihnen sind Luftfeuchtigkeit, Kohlenstoffdioxidgehalt und die Umgebungstemperatur beeinflussbar.

Ortsangepasste Pflanzen

Pflanzen wachsen nicht überall gleich gut. Schon beim Kauf im Gartenmarkt oder der Anzucht aus Samen achtet man generell auf die Standortbedürfnisse der Pflanzen. Meist sind sie unterteilt nach Vorliebe für Sonne, Halbschatten oder Schatten. Die Verträglichkeit einer Pflanze mit der gegebenen Lichtsituation ist von der Anzahl der Chloroplasten abhängig, die sich in der Pflanze befinden. In Schattenpflanzen befinden sich weniger Chloroplasten, während ihre Anzahl in Pflanzen für halbschattige und sonnige Standorte höher ist. Jede Pflanze hat also eine maximale Fotosyntheserate, die sie erreichen kann. Wird sie mit einer zu hohen Lichtintensität bestrahlt, benötigt sie mehr Wasser und senkt zugleich ihre Fotosyntheserate. Bekommt eine Pflanze hingegen zu wenig Licht, ist ihre Fotosyntheserate niedrig, sie wächst nicht optimal.

Die Wasseraufnahme

Pflanzen besitzen große Zellsafträume in den Zellen. Sind diese nicht ausreichend mit Wasser gefüllt, hängen die Blätter. Die Pflanze stellt dann die Fotosynthesetätigkeit ein, um ein Vertrocknen zu verhindern. In diesem Zustand wachsen die Pflanzen weder, noch bilden sie Blüten oder Früchte aus. Das Pflanzenwachstum ist also unabdingbar an die Wasseraufnahme gebunden.

Über ihre Wurzeln nehmen Pflanzen Wasser und Nährstoffe aus dem Boden auf. Ein ständiger Wasserstrom von den Wurzeln, über Stamm, Zweige und Stiele bis in die Blätter sorgt dafür, dass ausreichend Nährstoffe aufgenommen und in die Zellen eingebaut werden können. Drei Prozesse sind dafür verantwortlich, das Wasser von den Wurzeln zu den Blättern zu transportieren. Der Wurzeldruck, der durch die aktive Aufnahme der Salze aus

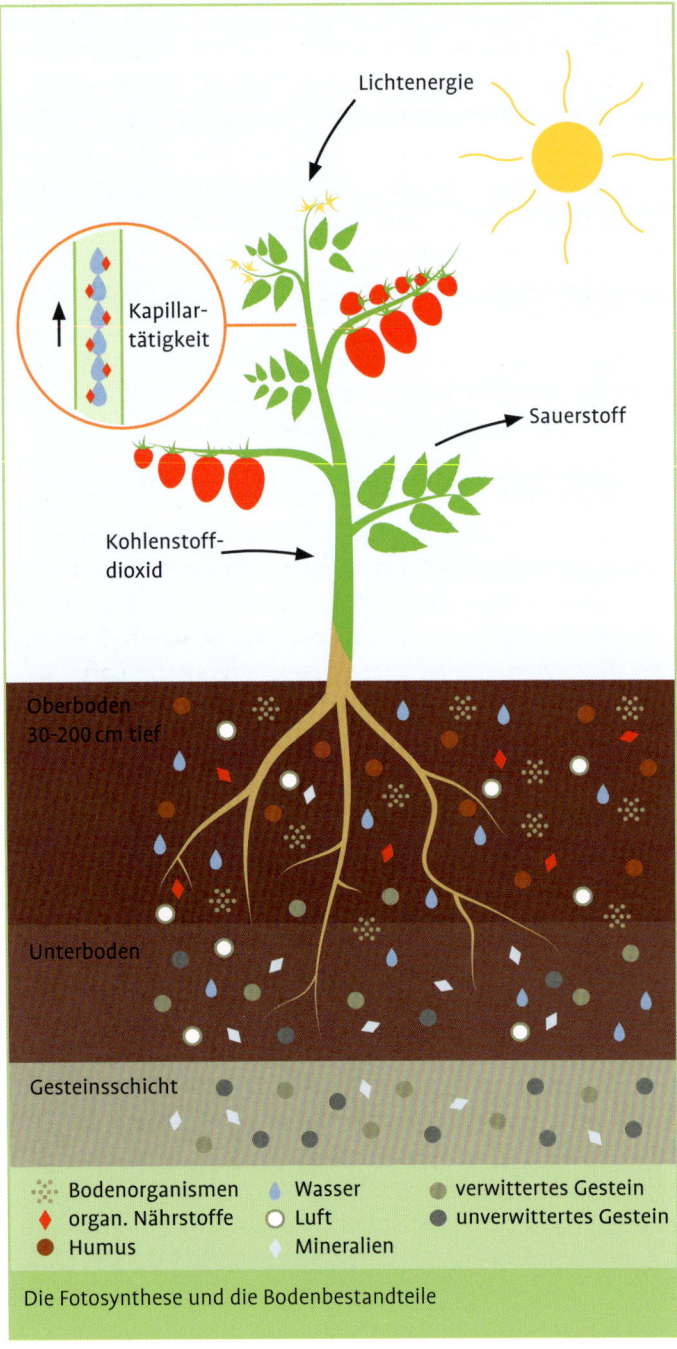

Die Fotosynthese und die Bodenbestandteile

der Erde entsteht, zieht das Wasser in die Wurzel. Die Osmosetätigkeit der Zellen erzeugt einen passiven Wassernachstrom zum Konzentrationsausgleich, der das Wasser über Zellkapillare zu wasserärmeren Bereichen der Pflanze führt. Dies nennt man den Kapillareffekt. Die Transpirationstätigkeit der Blätter sorgt dafür, dass die Blätter immer einen Nachschub an Wasser brauchen und erzeugt dafür einen Sog hinauf zu den Blättern.

Der Kapillareffekt gibt uns wichtige Hinweise, wenn wir uns um Möglichkeiten der künstlichen Bewässerung mittels Schläuchen Gedanken machen. Auch bei Schläuchen oder kleinen Röhren wirkt dieser Effekt und bringt das Wasser an die von uns gewünschten Orte. Mehr dazu finden Sie im Kapitel Bewässerung ab Seite 94.

Faustregel: Je mehr Blattfläche eine Pflanze hat und je dünner die Blätter sind, desto mehr Wasser benötigt sie. Sind die Blätter dick, mit einer Wachsschicht oder Haaren bedeckt, so verringert sich der Wasserbedarf.

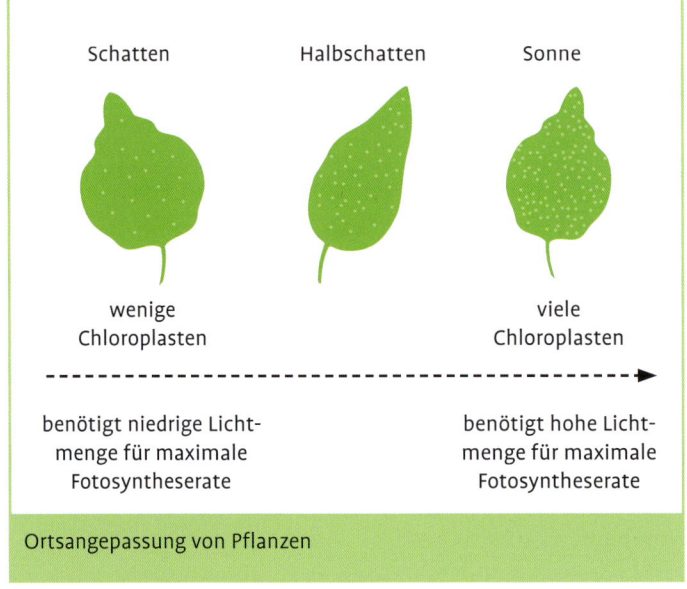

Ortsangepassung von Pflanzen

Künstliche Kapillare	Wichtige Düngestoffe
• Schlauch	• Stickstoff
• Rohr	• Kalium
• Strohhalm	• Phosphor
• Wollfaden	• Schwefel
• Stoff	• Kalzium
• Vlies	• Magnesium
• Teefiltertüten	• Eisen

Während der Wachstumsphase, der Blüte und Fruchtbildung und bei hohen Temperaturen braucht eine Pflanze mehr Mineralsalze und Wasser als während der Ruhephase im Winter.

Der Boden und die Pflanzennährstoffe

Das Thema Boden und Bodenzusammensetzung ist komplex und kann hier nur grob angeschnitten werden. Für Informationen über den genauen Umgang mit den verschiedenen Bodenarten und ihre Verbesserung für das Pflanzenwachstum lohnt sich der Blick in eine ausführliche Fachliteratur.

Guter Boden ist die Grundlage jeglichen Pflanzenwachstums. Ohne bestimmte Bodeneigenschaften haben es die Pflanzen schwer, sich zu entwickeln. Ein guter Boden hat folgende Eigenschaften: Er ist leicht zu durchwurzeln, hält Wasser und Luft gleichermaßen, ist reich an Kalium und Magnesium und anderen Nährstoffen, hat einen hohen Anteil an organischen Stoffen (Humus) und eine hohe Bodenaktivität. Das heißt, er ist belebt von Bodenorganismen, die organische Stoffe verarbeiten und dafür sorgen, dass Nährstoffe für Pflanzen aufgeschlossen und nutzbar gemacht werden.

Je nach Herkunft des verwitterten Gesteins im Untergrund finden wir verschiedene Böden vor. In unseren Gärten sind das hauptsächlich Sand-, Schluff- Lehm- oder Tonböden oder Übergänge davon. Sandböden sind locker und haben einen hohen Luftanteil, können aber nur wenig Wasser und Mineralien halten. Tonböden haben einen hohen Zusammenhalt ihrer Partikel. Sie speichern viel Wasser, sind dabei allerdings fest und schlecht durchlüftet. Ideal ist Boden mit einer Krümelstruktur. In diesem Zustand erfüllt er die meisten Voraussetzungen für gutes Pflanzenwachstum. Dieser Zustand des Bodens ist jedoch meist nicht von Dauer und muss durch regelmäßige Bodenbearbeitung erhalten werden.

Die Bodenqualität lässt sich durch Bearbeitung und Untermischen von Kalk, Humus, Sand, Kompost, verrottetem Mist, Gesteinsmehl oder durch das Mulchen mit sich leicht zersetzendem, organischen Material verbessern. Auf die Zugabe von Torf sollte aus ökologischen Gründen verzichtet werden – durch seinen Abbau werden große Moorgebiete zerstört. Wichtig für eine gute Bodenqualität ist auch der pH-Wert des Bodens. Für die meisten Kulturpflanzen ist ein pH-Wert von 5,5 – 7,5 ideal. Die Zugabe von Kalk ist obligatorisch, da dieser durch die Aufnahme in die Pflanze, durch Auswaschen bei Starkregen und die Zugabe von mineralischen und organischen Düngern schnell verbraucht wird und die Böden versauern.

Neben Kohlenstoff, Wasserstoff und Sauerstoff sind Stickstoff (N), Phosphor (P), Kalium (K), Schwefel (S), Calzium (Ca), Magnesium (M) und Eisen (Fe) die wichtigsten Nährstoffe für das Pflanzenwachstum. In geringen Dosen brauchen Pflanzen auch Mangan (Mn), Kupfer (Cu), Zink (Zn), Molybdän (Mo), Bor (B) und Chlor (Cl), die sogenannten Spurenelemente.

Die Bodenorganismen

Die Humusschicht ist der „lebendige" Teil eines Bodens. Hier arbeiten Bodenorganismen daran, organisches Material zu zersetzen, lockern den Boden und stellen dabei Nährstoffe für die Pflanzen bereit. Dabei existiert eine Nahrungskette, in der jeder Nahrung für den anderen herstellt, bis das Material letztendlich komplett zersetzt ist. Der beim Verarbeiten anfallende Stickstoff kommt ebenfalls den Pflanzen zugute. Die Stickstoffkonzentration ist in einem humosen Boden deutlich höher. Verantwortliche Bodenorganismen sind neben Bakterien und Pilzen u.a. Milben, Asseln, Insekten und deren Larven, Tausendfüßler, Spinnen, Springschwänze und Regenwürmer. Ihr Vorhandensein ist ein Indiz für einen humosen Boden.

Um die Bodenorganismen zu erhalten, müssen sie regelmäßig durch Zugabe von organischem Material, durch Mulch oder Kompost, gefüttert werden. Auch ein Austrocknen oder Überschwemmen des Bodens sollte vermieden werden. Im Sommer verhindert ein durch Pflanzen bedeckter Boden dessen Austrocknen und erhält die Aktivität der Bodenbewohner, die sich sonst in tiefere Erdschichten zurückziehen.

Topf- und Balkonpflanzen

In Blumentöpfen, Balkonkästen oder Hochbeeten ohne Erdanschluss befinden sich außer Bakterien und Pilzen nur wenige oder keine Bodenbewohner. Um das Pflanzenwachstum aufrechtzuerhalten, muss die Erde deshalb regelmäßig mit geeignetem Dünger versorgt werden, der ihr die benötigten Nährstoffe wieder zuführt. Ansonsten kommt es zu Mangelerscheinungen bei den Pflanzen. Flüssigdünger, der über das Gießwasser gegeben wird, ist für Zimmerpflanzen in der Regel die beste Wahl. Im Garten oder auf dem Balkon kann Langzeitdünger in Form von Hornspänen oder Hornmehl Abhilfe schaffen. Auch sollte das Substrat dort nach einer Wachstumsperiode ausgetauscht werden.

Zu viel des Guten

Achten Sie bei der Düngung auf die richtige Zusammensetzung und Dosierung. Überdüngung kann das Pflanzenwachstum negativ beeinflussen und die Wurzeltätigkeit beeinträchtigen. Eventuell lohnt es sich, Hilfsmittel anzuschaffen, wie einen Calcitest, eine frühzeitige Bodenanalyse durchzuführen und das tabellarische Aufschreiben von Düngemenge und -zeitpunk.

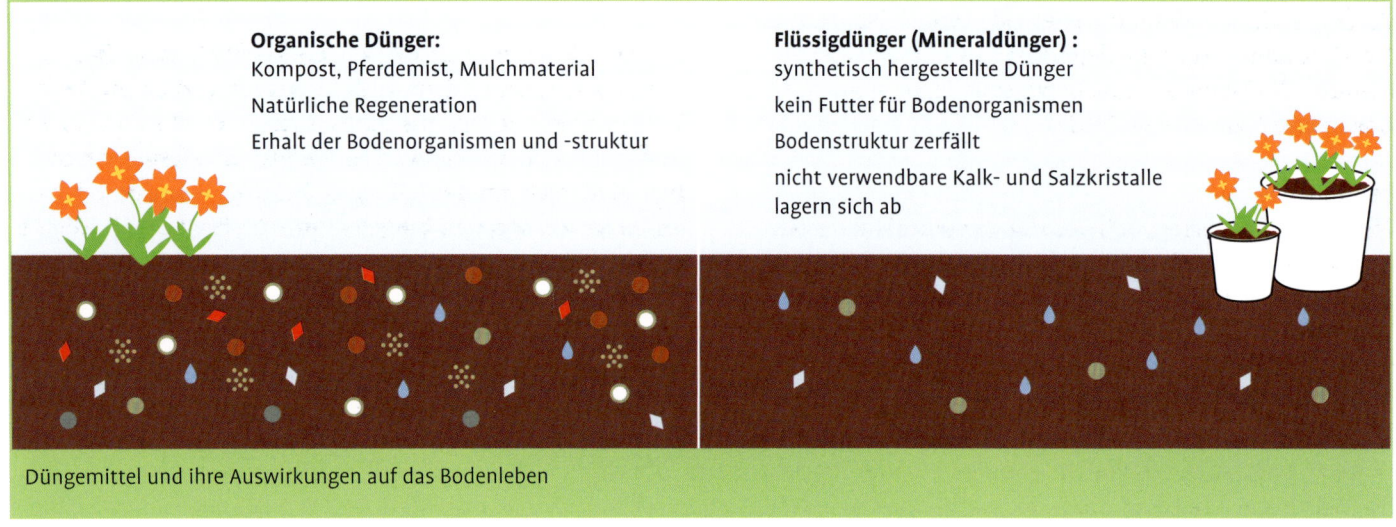

Organische Dünger:
Kompost, Pferdemist, Mulchmaterial
Natürliche Regeneration
Erhalt der Bodenorganismen und -struktur

Flüssigdünger (Mineraldünger) :
synthetisch hergestellte Dünger
kein Futter für Bodenorganismen
Bodenstruktur zerfällt
nicht verwendbare Kalk- und Salzkristalle lagern sich ab

Düngemittel und ihre Auswirkungen auf das Bodenleben

Baumaterialien

Stadtgärtner brauchen die verschiedensten Materialen für ihre Pflanzbehältnisse, Hochbeete und Bewässerungen. Die meisten davon findet man im Bau- oder Gartenmarkt. Auch Werkzeuge wie Hammer und Bohrmaschine gehören zum Handwerkszeug des Stadtgärtners. In diesem Kapitel werden die wichtigsten von ihnen vorgestellt.

Kostenlose Baumaterialien

Baumaterialien aus dem Baumarkt können teuer sein. Wer Angst hat, Fehler zu machen und dadurch Geld aus dem Fenster zu werfen, oder wer einfach sparsam sein will, sollte einen genauen Blick in seine Umgebung richten: Es gibt viele wiederverwendbare Materialien, die in bestimmten Berufsbranchen als Müll anfallen. Vieles fällt sogar im eigenen Hausmüll an.

Dabei sind Menschen oft froh, wenn man mit ihren Resten noch etwas anfangen kann. Deshalb lohnt es sich oft freundlich zu fragen, vielleicht auch schon einige Zeit im Voraus, sodass in den Betrieben oder von Privatpersonen die Materialien zurückgelegt oder gesammelt werden können. Ein Netzwerk aus Bezugsquellen erspart über das Gartenjahr hinweg viel Geld.

Behälter

Pflanzbehälter lassen sich aus den unterschiedlichsten Materialien herstellen. Viele davon kann man umsonst bekommen. Kaffee- oder Reissäcke sind gute Pflanzsäcke. Man bekommt sie in Cafés, Imbiss-Ständen oder bei Röstereien. XL Tomatendosen geben mit ein paar Löchern im Boden einen guten Pflanztopf ab. Fragen Sie hierfür bei Pizzerien nach. Gartenmärkte verarbeiten einen Teil ihrer Ware zu bepflanzten Schalen. Manche Pflanze überlebt die Wartezeit im Center nicht, weshalb immer wieder kleine und größere Plastiktöpfe als Abfall anfallen. Übereinandergestapelte Bäckerkisten, die sich in Bäckereien und Lebensmittelgeschäften finden, sind Hochbeet und Mauer in einem.

An Kiosken kann man praktische Plastikdosen mit passendem Deckel ergattern. Sie eignen sich sowohl zur Aufbewahrung als auch als Bewässerungskanister oder für vertikale Konstruktionen. Besonders schön sind die Dosen von Cloetta mit dem roten Deckel. Der Deckel passt perfekt in die Aussparung im Boden der Dose und eignet sich besonders gut zum Stapeln.

Baumaterial

Der Stadtgärtner mit etwas mehr Platz und größeren Ambitionen braucht immer neues Holz, Steine und PVC, die er zu den schönsten Dingen verarbeiten kann. Auf Baustellen und bei Renovierungsarbeiten an Büro- und Wohnhäusern kann man nach Reststücken von Rohrleitungen, alten Paletten, Brettern, Metallschienen, Back- oder Hohlsteinen sowie Fensterrahmen fragen. Bei größeren Bauprojekten fallen immer auch Reste wie Mutterboden, Kies oder Sand an. Auf Ebay bieten viele Hausbesitzer diese Überbleibsel kostenlos für Selbstabholer an.

Auf dem Sperrmüll findet sich das größte Varieté frei verfügbarer Materialien. Hier lohnt sich immer ein Blick. Vom großen Schrank bis zur kleinen Schraube, vom alten Tontopf bis zum Lattenrost, mit etwas Glück findet man hier eine fast komplette Bauausrüstung. Teile von Küchenschränken ergeben hingelegt prima Pflanzbeete. Regale werden zu vertikalen Gärten und Tische zu Podesten. Glasscheiben, z.B. von Bilderrahmen, Vitrinen oder Schränken dienen als Material für Frühbeete und Gewächshäuser. Aus gebrochenen Fliesen lassen sich Mosaike für steinerne Untergründe wie Betonmauern machen. Diese bekommen Sie im Baumarkt oder Baustoffmarkt.

Mit großen Ästen und Baumstümpfen lassen sich ganz einfach Pflanzgefäße aufbocken und Sitzelemente bauen. In Scheiben gesägt werden Holzstücke zum dekorativen Arbeitsmittel oder zur Gehwegplatte. Totholz ist ein Grundlagenbestandteil eines jeden Kompostes und auch die unterste Schicht für Hochbeete mit Bodenanschluss. Wen Sie in ihrem eigenen Garten nicht genug Material finden, fragen Sie bei Nachbarn oder einem Förster oder Garten- und Landschaftsbauer nach. GaLaBauer müssen für die Entsorgung des Holzes Geld bezahlen, weshalb es sie freuen wird, wenn man ihnen Schnittholz abnimmt. Über sie bekommt man auch haufenweise Holzhackschnitzel, mit denen Beete gemulcht und Wege anlegt werden können.

Düngemittel

Wer keinen Platz für einen eigenen Komposthaufen hat, kann sich beim städtischen Biomüll-Entsorger frischen Kompost holen. Kompost wird am besten bei allen Neupflanzungen im Außenbereich unter die Erde gegeben, da er als Langzeitdünger wirkt und die Bodenbeschaffenheit verbessert. Auch das Ausbringen von Mulch und das unterharken von Laub hat eine düngende Wirkung. Viele Biogärtner schwören auf die Düngung mit Pflanzenjauchen. Die dafür benötigten Zutaten wie Brennnessel, Schachtelhalm oder Farnkraut findet man meist leicht. Ein weiterer organischer Dünger ist die Bierhefe, die als Abfallprodukt in Brauereien abfällt. Dasselbe gilt für Kaffee- und Espressosatz: feucht auf der Erde um die Pflanze verteilen und leicht einarbeiten.

Als tierischen Dünger nimmt man gut verrotteten Mist von Nutz-und Haustieren wie Pferden, Eseln oder Ziegen. Fragen Sie bei Höfen, Stallungen oder Streichelzoos nach. Diese müssen nämlich Geld an einen Entsorger bezahlen, damit der Mist bei ihnen abgeholt wird. Der Mist sollte etwas älter und schon gut zersetzt sein, bevor man ihn ausbringt, da er die Pflanzen sonst „verbrennen" kann.

Pflanzen sammeln

In einem Kleingarten fallen pro Jahr alle möglichen Pflanzenableger, Stecklinge und Samen zuhauf an. Wer den Kontakt mit Kleingartenbesitzern sucht, bekommt vielleicht das eine oder andere Schätzchen geschenkt, meistens noch mit einem guten Tipp oder einer mündlichen Anleitung dabei. Auch geschnittene Äste von Weide oder Haselnuss lassen sich zu schönen und praktischen Objekten verarbeiten. Am besten fragt man hier schon eine Weile im Voraus, da Büsche und Bäume meistens im Herbst und Winter geschnitten werden. Auch Samen bekommt man oft nur im Herbst. Wer gerade mit dem Gärtnern anfängt, kann sich sicher im Gespräch mit dem Kleingärtner viele gute Tipps und Informationen holen.

Aus dem eigenen Haushalt

Im eigenen Haushalt gibt es einige kleinere Dinge, die man nach Bedarf sammeln kann. Vieles davon bietet lediglich temporäre Lösungen, wie z.B. Klorollen oder Milchpackungen als Anzuchtbehältnisse für Aussaaten. Alte Grill- oder Backofenroste und kaputte Wäscheständer hingegen werden dauerhaft zu Rankhilfen oder hängenden Podesten umfunktioniert.

Die Auflistung ist nicht komplett. Schauen Sie sich überall nach wiederverwertbaren Materialien um. Wenn Sie etwas Bestimmtes suchen, aber nicht wissen, wo Sie es eventuell kostenlos bekommen, fragen Sie einfach Handwerker, in Praxen und Geschäften: Was fällt bei Ihnen als Müll an?

Kostenlose Materialien

Baumarkt	Kaputte Fliesen
Glaserei	Kaputte Glasscheiben
Café, Rösterei	Kaffeesatz, Espressosatz, Kaffeesäcke
Restaurant, Imbiss	große Reissäcke, XL Blechdosen
Baustelle	Reststücke von Rohren, alte Paletten, Bretter, Backsteine, Hohlsteine, Fensterrahmen
Bäckerei	Bäckerkisten
Sperrmüll	Alte Küchenschränke, Kommoden, Tontöpfe, Schallplattenspieler-Deckel, Eimer, Festerrahmen, Tische, Holz, Lattenroste
Brauerei	Bierhefe
Kiosk	Plastikdosen mit Deckel
Lebensmittelmärkte	Pappe
Kleingarten-Verein	Pflanzenstecklinge, Ableger oder Samen, Bambusstöcke, Weidenruten
Garten- und Landschaftsbauer, Förster	Holzscheiben oder Totholz in allen Größen, Weidenruten
Gartenmarkt	Plastiktöpfe in allen Größen
städtischer Entsorger	Kompost
Kinderbauernhof	Mist zum Düngen (Schaf, Esel, Ziege, Schwein)
Tierhandlung	Haustiermist zum Düngen
Stadtraum	Brennesseln, Laub, Rasenschnitt
Ebay	Mutterboden, Kies, Sand
Hausmüll	Klorollen, Joghurtbecher, Zeitungspapier, Eisstiele (zur Beschriftung), Apfelsinen-, Erdbeerkisten, PET-Flaschen, Camembert-Holzschachteln (Saatgutsammlung), Filmrollendosen, Seifenspenderköpfe (Tropfbewässerung), Waschgelflaschen, Tomaten- oder Champignon-Plastikschale, Kaffeesatz, organischer Teesatz, Haustiermist ohne Streu (Kaninchen, Meerschweinchen, Maus, Vogel), Kaminasche, Wäscheleinen, Backsteine, Grillrost, Backofenrost, Pfannenspritzschutz, Nylonstrümpfe, Kugelschreiber, Regenschirmtuch, Einmachgläser, alte Gabeln

Zwiebelgewächse brauchen nur einen geringen Bodenraum. Hier finden sie Platz in einer selbstgegossenen Betonschale.

Werkzeugkunde

Bohrmaschine

Setzen Sie eine Bohrmaschine immer möglichst senkrecht oder waagerecht an. Fixieren Sie das zu bearbeitende Material am besten mit Zwingen, damit es nicht verrutscht.

Kartuschenpistole

Eine Kartusche sollte nach dem Gebrauch mit Küchenkrepp gesäubert werden und die Öffnung mit Klebeband luftdicht verschlossen. So bleibt das Arbeitszeug sauber und der Kartuscheninhalt trocknet nicht ein.

Lochsäge / Lochfräse

Bei der Verwendung einer Lochsäge oder Lochfräse muss die Mitte gegebenenfalls vorgebohrt werden, um das Abrutschen mit der Bohrmaschine zu verhindern. Nehmen Sie dafür einen einfachen Bohrer. Bringen Sie die Lochfräse in Schwung, bevor Sie auf das Material aufsetzen, um ein Verhaken mit dem Material zu verhindern. Testen Sie die Vor- und Rückwärtsdrehung, um das zu bearbeitende Material zu schonen. Franst das Material beim bohren an der Sägekante aus, drosseln Sie die Drehgeschwindigkeit.

Pinsel

Entfernen Sie Lackreste gleich nach Gebrauch mit Terpentinersatz. Dieser ist mehrfach verwendbar und kann z.B. in einem Einmachglas bis zur nächsten Verwendung aufbewahrt werden.

Stichsäge

Beim Sägen von PVC-Rohren ist es sicherer, erst ein Loch mit der Bohrmaschine zu bohren, in dem dann die Stichsäge angesetzt wird. Nehmen Sie nach dem Sägen von PVC Schmirgelpapier zur Hand, um ausgefranste Ränder zu glätten.

Schaufel

Drahtzange

Bohrmaschine

Blindnietzange

Hammer
Gummihammer

Säge
Sägeblock

Bohrer
Lochbohrer

Rohrzange

Schere

Maßband

Lochfräse

Pinsel

Cuttermesser

Sprühflasche

Tacker

Pürrierstab

Materialkunde

Substrat

Erde sollte trocken, dunkel und vor Regen geschützt gelagert werden. Lagern Sie Erde, die Sie für Zimmerpflanzen verwenden wollen, niemals draußen, da sich sonst fliegende Insekten darin einnisten können.

Paletten

Paletten, die im Industriebereich verwendet wurden, können mit giftigen Stoffen wie Lacken und Schwermetallen in Berührung gekommen sein. Diese können, wenn sie in den Boden gelangen, von Ihren Pflanzen aufgenommen werden. Seien Sie also vorsichtig bei der Verwendung von Paletten und fragen sie wenn möglich nach ihrer Herkunft und bisherigen Verwendung. Ist die Herkunft unklar sehen Sie besser von einer Verwendung ab.

PET-Flaschen

PET-Flaschen eignen sich zu vielerlei Konstruktionen. Ihre Vorteile gegenüber anderen Materialien sind die geringen Anschaffungskosten, ihre schnelle Austauschbarkeit und leichte Bearbeitbarkeit. Nachteile sind ihre geringe Größe und teils geringe Belastbarkeit. Bei PET-Flaschen sorgen bestimmte Bereiche – der Boden und der Hals bzw. eingebaute Ringe – für die Stabilität: beachten Sie dies beim Zerschneiden der Flaschen.

Plastikbehälter

Verwenden Sie ausschließlich opakes Plastik, da Sonnenlicht sowohl das Wurzelwachstum als auch die Algenbildung beeinflusst. Achten Sie auch darauf, möglichst lebensmittelechte Plastikgefäße zu verwenden, und waschen Sie alle Behälter vor dem ersten Gebrauch gut aus.

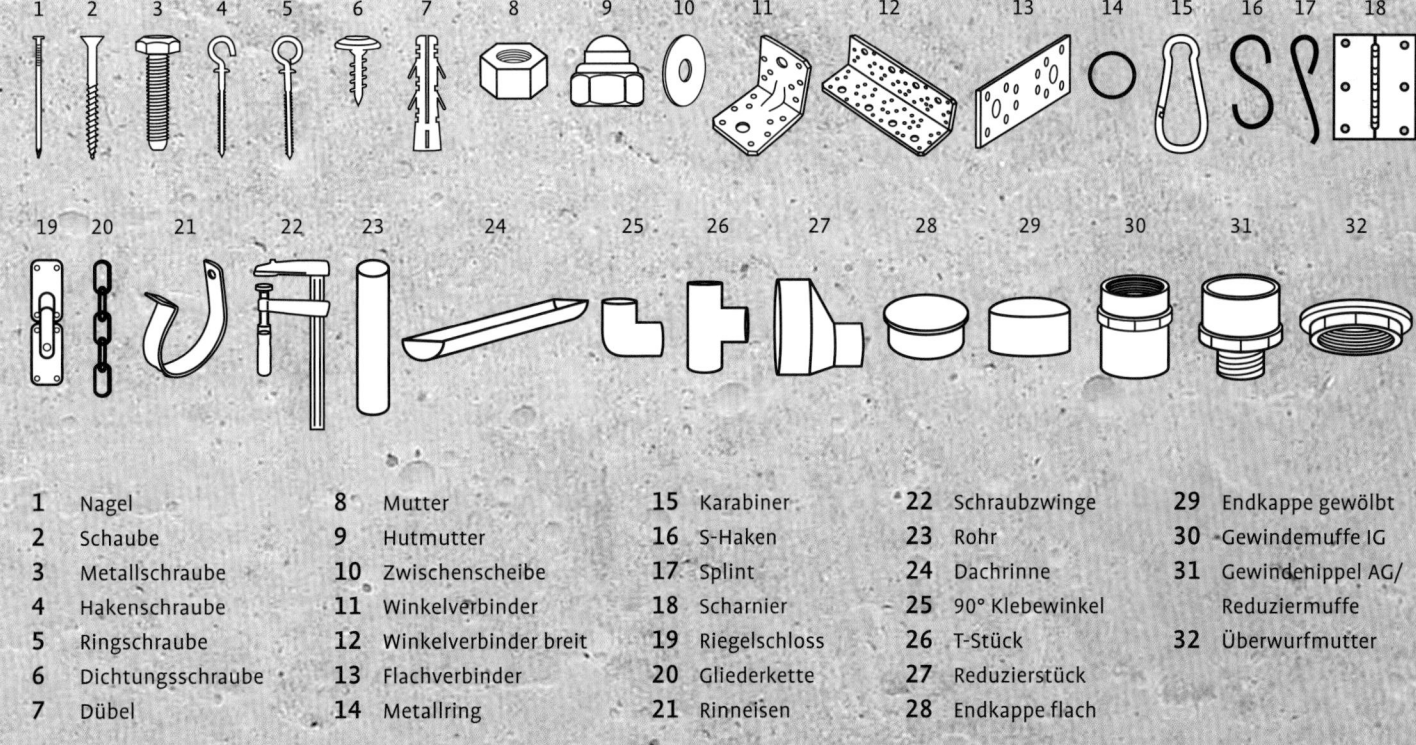

1	Nagel	8	Mutter	15	Karabiner	22	Schraubzwinge	29	Endkappe gewölbt
2	Schaube	9	Hutmutter	16	S-Haken	23	Rohr	30	Gewindemuffe IG
3	Metallschraube	10	Zwischenscheibe	17	Splint	24	Dachrinne	31	Gewindenippel AG/
4	Hakenschraube	11	Winkelverbinder	18	Scharnier	25	90° Klebewinkel		Reduziermuffe
5	Ringschraube	12	Winkelverbinder breit	19	Riegelschloss	26	T-Stück	32	Überwurfmutter
6	Dichtungsschraube	13	Flachverbinder	20	Gliederkette	27	Reduzierstück		
7	Dübel	14	Metallring	21	Rinneisen	28	Endkappe flach		

Seien Sie beim Schneiden und Sägen von dünnen Plastikbehältern besonders vorsichtig, da sich hierbei schnell Risse bilden können, die den Behälter unbrauchbar machen. Nicht UV-beständige Plastikbehälter haben eine geringe Lebensdauer. Lagern und verwenden Sie diese wenn möglich nicht in der prallen Sonne.

Weidenstäbe

Legen Sie die Stäbe vor der Bearbeitung einige Zeit in Wasser, um ihre Biegsamkeit zu erhöhen oder verarbeiten Sie sie direkt nach dem Schnitt vom Baum.

Rohre und Fittings

Machen Sie sich nicht unglücklich, indem Sie versuchen die benötigten Rohre und Rohrteile im Baumarkt zu kaufen. Am besten beraten werden Sie hierfür in einem Gartenbaumarkt mit ausgewiesener Teichbauabteilung. Diese haben neben einer abgestimmten Auswahl von Einzelteilen unter Umständen auch mehr Verständnis für Ihr Projekt und können Ihnen besser bei Fragen weiterhelfen. Fallrohre mit eingebauter Muffe, wie Sie für Abwässer verwendet werden sind für die Projekte in diesem Buch nicht zu empfehlen, da die Auswahl

an Größen und Verbindungsstücken unzureichend ist und mit viel Verschnitt zu rechnen ist.

Rohrstücke für Verbindungen, Übergänge, Reduzierungen werden allgemein Fittings genannt. Es gibt sie in verschiedenen Ausführungen: zum Kleben oder zum Schrauben, mit Innengewinde (IG) und Außengewinde (AG). Haben Sie keinen Teichbaumarkt in der Nähe, können Sie die benötigten Teile auch im Internet bestellen. Eine Liste von Händler finden Sie auf Seite 138.

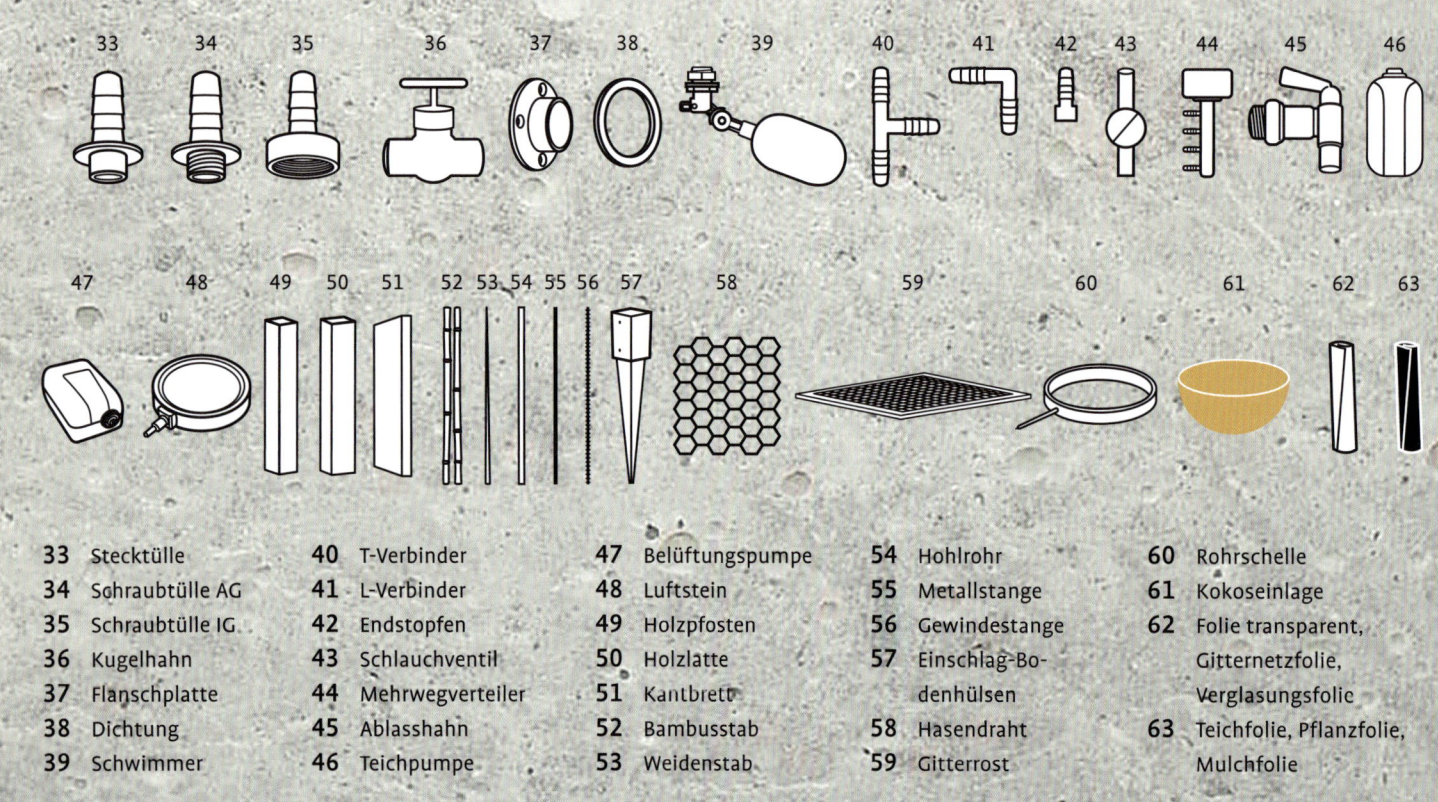

33 Stecktülle	**40** T-Verbinder	**47** Belüftungspumpe	**54** Hohlrohr	**60** Rohrschelle
34 Schraubtülle AG	**41** L-Verbinder	**48** Luftstein	**55** Metallstange	**61** Kokoseinlage
35 Schraubtülle IG	**42** Endstopfen	**49** Holzpfosten	**56** Gewindestange	**62** Folie transparent,
36 Kugelhahn	**43** Schlauchventil	**50** Holzlatte	**57** Einschlag-Bo-	Gitternetzfolie,
37 Flanschplatte	**44** Mehrwegverteiler	**51** Kantbrett	denhülsen	Verglasungsfolie
38 Dichtung	**45** Ablasshahn	**52** Bambusstab	**58** Hasendraht	**63** Teichfolie, Pflanzfolie,
39 Schwimmer	**46** Teichpumpe	**53** Weidenstab	**59** Gitterrost	Mulchfolie

Schläuche

Der zu verwendende Schlauch muss in seiner Dicke der Leistung der Pumpe und der benötigten Fördermenge angepasst sein. Lassen Sie sich hierfür im Laden beraten. Haben Sie Probleme damit, Schlauch- und Rohrstücke zu verbinden, können Sie die Flexibilität des Schlauches erhöhen, indem Sie das Schlauchende unter heißem Wasser anwärmen.

Pumpen und Kompressoren

Zwischen Teichpumpen und Aquariumpumpen gibt es Unterschiede, die Sie bei Ihrer Wahl beachten sollten. Teichpumpen haben eine höhere Förderleistung und auch eine größere Förderhöhe. Aquariumpumpen sind dafür geräuschärmer und haben einen niedrigeren Energieverbrauch. Kompressoren fördern Luft, kein Wasser. Wir setzen Sie, zusammen mit Luftsteinen, zur Belüftung von Aquarien und Fischbecken ein.

PVC-Kleber und Reiniger

Vor dem Verkleben von PVC-Rohren muss die Oberfläche der Verbindungsstelle mit einem PVC-Reiniger behandelt werden, der Schmutz und Fett entfernt. Geeignete Produkte finden Sie im Teichbauhandel mit der Bezeichnung PVC-U-Kleber und PCV-U-Reiniger.

Farben und Lacke

Holzkonstruktionen für den Außenbereich sind länger haltbar, wenn sie gebeizt, geölt oder lackiert wurden. Achten Sie bei Ihrer Wahl auf umweltverträgliche Produkte, die weder Ihren Pflanzen noch der Umwelt schaden. Lassen Sie ihre Konstruktion nach dem Lackieren ausreichend ausdünsten, bevor Sie ihre Pflanzen hineinsetzen.

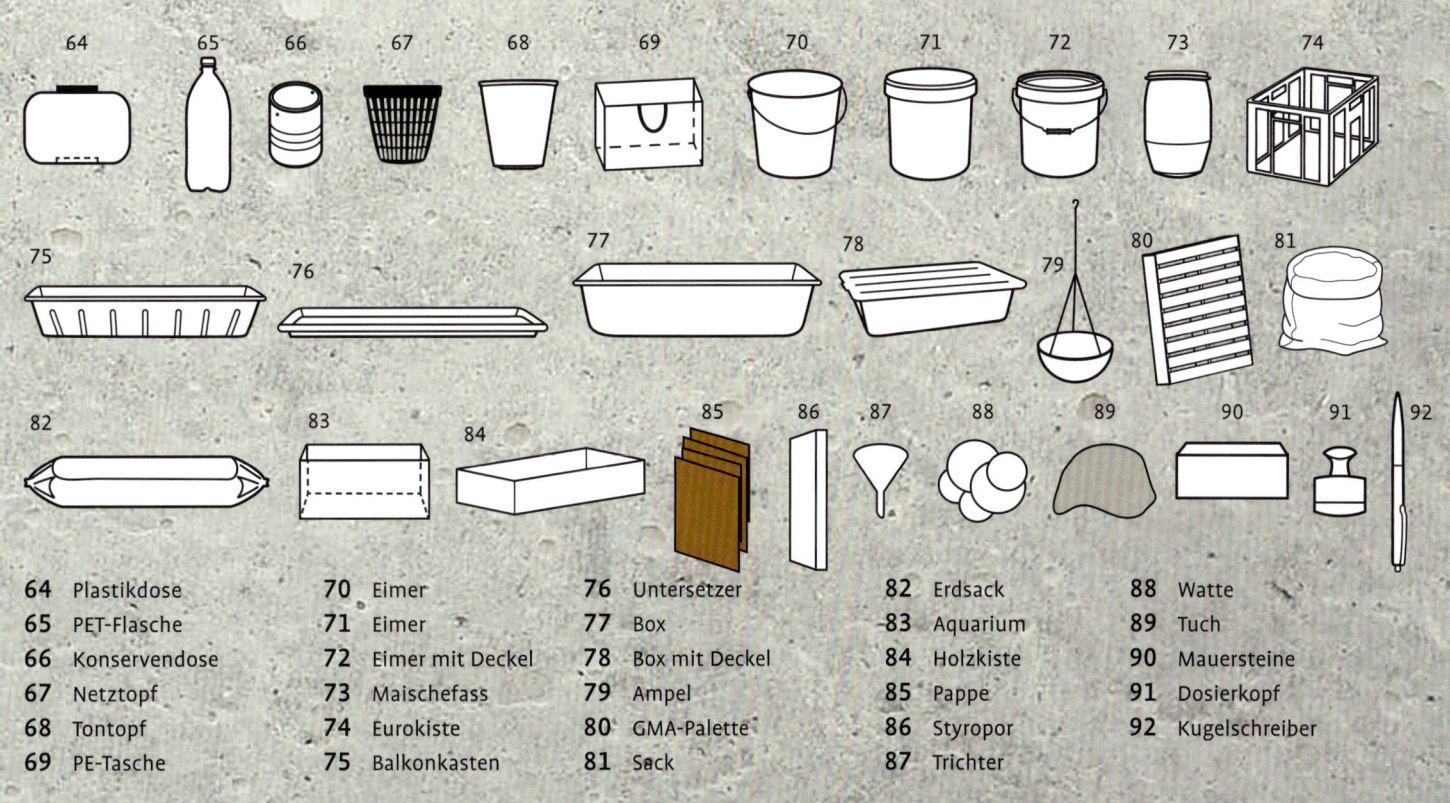

64	Plastikdose	70	Eimer	76	Untersetzer	82	Erdsack	88	Watte
65	PET-Flasche	71	Eimer	77	Box	83	Aquarium	89	Tuch
66	Konservendose	72	Eimer mit Deckel	78	Box mit Deckel	84	Holzkiste	90	Mauersteine
67	Netztopf	73	Maischefass	79	Ampel	85	Pappe	91	Dosierkopf
68	Tontopf	74	Eurokiste	80	GMA-Palette	86	Styropor	92	Kugelschreiber
69	PE-Tasche	75	Balkonkasten	81	Sack	87	Trichter		

Der erweiterte Balkonkasten (S. 45) spart Gieß-
arbeit und bleibt dabei wunderbar unauffällig.

Praktische Tipps
und schnelle Lösungen

In diesem Kapitel finden Sie Tipps und Problemlösungen
für Ihren Stadtgärtner-Alltag.

Warme Beete für das Frühjahr

Wer schon früh im Jahr mit der Aussaat beginnen will,
weiß die Vorteile eines Frühbeetes zu schätzen. Die Sonne
erwärmt die Luft in einer Kiste mit Glas- oder Foliendach
und dadurch wird das Pflanzenwachstum begünstigt. Wer
größere Flächen bewirtschaftet, als mit einem normalen
Frühbeet zu bewältigen sind, kann sich außerdem die
Wärme des Zersetzungsprozesses von frischem Grasschnitt oder Mist zunutze machen.

Der Grasschnitt wird als 5–10 cm hohe Mulchschicht mit
5 cm Abstand um die jungen Pflanzen herum auf der Erdkrume verteilt. Die Wärmespeicherung kann durch die
Überspannung mit einer atmungsaktiven Pflanzfolie noch
verstärkt werden.

Als zweite Variante bietet sich das sogenannte Mistbeet
an. Dabei hebt man eine ca. 60 cm tiefe Kuhle aus und
füllt diese mit frischem Mist. Wenige Tage alter Pferdemist hat die höchste Wärmerate und sollte Ihre erste Wahl
sein. Füllen Sie die Kuhle mit mindestens 40 cm Mist und
bedecken Sie sie mit 15–20 cm Erde, in die später ausge-
sät wird. Warten Sie mit der Aussaat einige Tage ab, bis
sich die Temperatur im Beet ausreichend erhöht hat. Um
die Wärme länger im Beet zu halten, können Sie es mit
einer Pflanzfolie überspannen.

Erde recyclen

Am Ende des Erntejahres sind die Tomaten abgeerntet
und es bleibt nur noch der Behälter mit der durchwurzel-
ten Erde zurück. Diese lässt sich recyclen und zu guter
Erde verarbeiten. Nach einer Bepflanzung mit sogenannten Starkzehrern können wir davon ausgehen, dass in der
Erde nur noch ein geringes Spektrum an Nährstoffen zu-
rückgeblieben ist. Haben Sie einen Komposthaufen, können Sie Ihre gebrauchte Erde einfach dorthin geben.
Dabei rupfen Sie den Wurzelballen möglichst klein. Nach
einer Periode von 6 Monaten bis zu 1 Jahr, wenn sich der
Kompost zersetzt hat, ist wieder nährstoffreiche Erde zu
neuer Verwendung entstanden.

Wenig durchwurzelte oder wenig beanspruchte Erde kann durchgesiebt und in einem großen Topf mit Wasser abgekocht werden, um evtl. angesiedelte Schädlingseier abzutöten und sie dann wieder zu verwenden. Mit Langzeitdünger und neuer Erde vermischt, hat sie keinen Nachteil gegenüber neuer Erde.

Gerüche von Kompost und Jauchen vermindern

Ist ein Komposthaufen zu dicht, zu nass oder schlecht belüftet kann es zu unliebsamen Gerüchen durch verfaulende Materialien kommen. Um diese Gerüche des Komposthaufens zu mildern, setzen Sie ihn als erstes um, mischen Sie grobe Materialien wie kleine Äste unter und entfernen Sie faulende Bestandteile. Bedecken Sie ihn mit einer Schicht Erde, fertigem Kompost oder Rindenmulch. Letzterer hat allerdings einen starken Eigengeruch.

Der Geruch angesetzter Jauchen aus Brennnesseln oder Schachtelhalm kann durch die Zugabe von Gesteinsmehl gemildert werden. Auch die Verwendung abgedeckter Behälter ist eine gute Lösung. Dafür bieten sich kleine Kunststofftonnen mit Deckel an, die aber nicht luftdicht geschlossen werden dürfen.

Überwinterung von Pflanzen und Konstruktionen

Manche Pflanzen überstehen den Winter auf dem Balkon nicht ohne Hilfe. Schützen Sie empfindliche Kübelpflanzen durch Leinensäcke und Winterschutzsäcke, wie Sie sie aus den Bau- oder Pflanzenmärkten kennen. Stellen Sie Tongefäße möglichst in den Keller oder die Garage, da sie sonst bei Frost aufplatzen können. Entleeren Sie Ihre oberirdischen Bewässerungsleitungen und Behälter, bauen Sie die elektronischen Teile aus, damit Sie durch Schnee und Eis keinen Schaden nehmen.
Nebenbei muss allerdings erwähnt sein, dass sich das Klima in vielen Großstädten mittlerweile sehr geändert hat und es auch Winter ohne Schnee oder ernsthafte Kälte gibt. Dann können Sie Ihre Pflanzen einfach auf dem Balkon, der Terrasse oder im Beet stehen lassen.

Schadstoffarm gärtnern

Die Stadt kann ein schmutziger Ort sein. Besonders an industriell genutzten Orten ist die Belastung des Bodens durch Chemikalien hoch. Man kann Gemüse also nicht einfach bedenkenlos in den Boden pflanzen. Beachten Sie folgende Punkte für ein möglichst schadstoffarmes Gärtnern:

- Schirmen Sie Ihre Beete durch hohe, dichte Hecken von Straßen ab, um fliegende Partikel fernzuhalten.

- Pflanzen Sie nicht zu nah an Ihrer Hauswand in den Boden. Die stärksten Bodenverunreinigungen treten durch Giftstoffe aus Fassadenfarben gerade hier auf.

- An viel befahrenen Straßen sollte man erst ab dem Balkon in der zweiten Etage gärtnern.

- Mulchschichten und Pflanzfolien halten Luftschadstoffe davon ab, sich auf und in den Böden abzulagern.

- Achten Sie auf den Säuregehalt Ihres Bodens. Die meisten Schwermetalle werden bei einem Säuregrad von 6,5 bis 7,2 gebunden.

- Tomaten, Bohnen, Gurken und Kürbisse sind weniger anfällig für Schadstoffeinlagerungen als Wurzel- und Blattgemüse sowie Kräuter.

- Waschen Sie geerntetes Gemüse gründlich. Die meisten Schadstoffe sitzen auf der Oberfläche.

- Pflanzen Sie besser in Containern, wenn Sie sich über die Qualität Ihres Bodens nicht sicher sein können. Oder wechseln Sie den Erdraum großzügig durch frischen Mutterboden aus.

Nr. 3   Heizungsluft

Styroporplatten

Heizungsluft kann manchen Pflanzen Probleme berei-
ten. Das gleiche gilt für kalte Luft von zugigen Fens-
tern. Um die Pflanzen zu schützen, sollte man die
Fensterbank mit Styropor- oder ähnlichen Platten
(z.B. Korkplatten) abdichten. In Bastelgeschäften sind
diese auch in farbigen Varianten erhältlich.

Nr. 4   Erdraummangel

größerer Tontopf

Erde

Fehlenden Erdraum kann man ausgleichen, indem
man einen weiteren Behälter mit Erde unter den bisherigen Pflanzbehälter stellt, sofern dieser Abzuglö-
cher besitzt. Die Wurzeln werden weiter in den unteren Topf wachsen.

Nr. 5   Überflutete Behälter leeren

Schlauch

Es kann trotz aller Vorsicht einmal passieren, dass zu
viel Wasser in einen geschlossenen Behälter gelaufen
ist und man nicht die Möglichkeit hat, den Behälter
zu kippen, um das Wasser abzulassen. Dann nimmt
man einen dünnen Schlauch, den man in den Behälter
steckt und saugt das Wasser an, bis es stetig aus dem
Schlauch läuft. Alternativ zum Schlauch kann man ein
Rohr aus Trinkhalmen und Klebeband basteln.

Nr. 6

0–10 € | 0:15 h

Flache lange Schale
z.B. Balkonkastenuntersetzer

Blumen ohne Übertöpfe

standfeste PET-Flasche 2 l

ggf. Plastik- oder Holzstücke

Urlaubsbewässerung Eins

Die einfachste Konstruktion der Urlaubsbewässerung ist folgende: Man füllt eine PET-Flasche, an deren Seite nahe dem Boden ein Loch oder Schlitz ist, mit Wasser und stellt sie in ein flaches Gefäß. Dieses füllt sich daraufhin bis zur Oberkante des Lochs mit Wasser. Idealerweise sollte es dabei soweit gefüllt sein, dass die Wurzeln der Pflanzen das Wasser erreichen, die Töpfe aber nicht dauerhaft im Wasser stehen. Meist reichen wenige Millimeter aus. Sinkt der Wasserlevel, weil die Pflanzen Wasser aufnehmen, läuft es aus der Flasche nach, bis diese leer ist.

1 Balkonkastenuntersetzer an gewünschten Platz stellen und Pflanztöpfe ohne Übertöpfe hineinstellen.

2 Loch nahe dem Boden in PET-Flasche schneiden.

3 Flasche mit Wasser füllen. Deckel darauf drehen.

4 Flasche vorsichtig in Untersetzer stellen und Wasser auslaufen lassen.

5 Füllstand des Untersetzers und Wurzelkontakt kontrollieren. Gegebenenfalls Töpfe durch Plastik- oder Holzstücke auf richtige Höhe anheben.

Nr. 7

0–5 € | 0:30 h

Plastikwanne
Tonscherben bzw. -granulat
Stoffreste

Urlaubswässerung Zwei

Einzelne Töpfe aus Ton oder Plastik kann man in einen mit Wasser gefüllten Untersetzer stellen. Die Töpfe müssen dabei erhöht stehen und dürfen nicht im Wasser sein. Stattdessen wird eine Leitung durch einen saugenden Pfropfen zwischen Wasser und Abzugslöchern hergestellt, durch den das Wasser nach oben gesogen wird.

Man kann mehrere Töpfe auch in einer Plastikschale zusammen fassen. Stellen Sie sie auf eine Lage Tonscherben oder Hydroton und füllen Sie die Schale bis zur Oberkante mit Wasser und Flüssigdünger.

1   Wanne 5 cm hoch mit Tonscherben oder Granulat füllen.

2   Stoffrest zusammendrehen und in Abzugsloch des Topfes stopfen.

3   Topf auf Granulat stellen. Stoff bis zum Wannenboden legen.

4   Wasser bis zur Oberkante der Tonschicht auffüllen.

5   Blumen zusätzlich einmal von oben wässern.

Tonscherben/-granulat

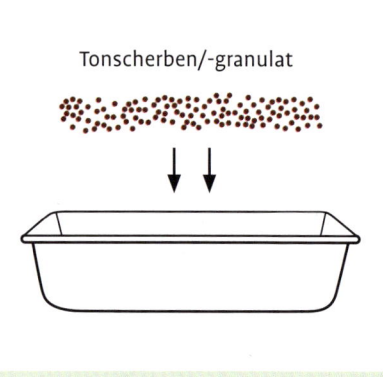

Nr. 8

0–5 € | 0:30 h

Balkonkästen 2 Stück
Tongranulat

Wassermangel im Balkonkasten

Wollen Sie bei vorhandenen Balkonkästen nachträglich Wasserreservoire einbauen, um das Gießen zu erleichtern? Am einfachsten ist es, zwei gleiche Kästen ineinanderzustellen und den Boden des inneren Kastens zu durchlöchern. Eine Schicht aus Tongranulat o.ä. im unteren Kasten (ca. 5 cm hoch) sorgt für den nötigen Platz für das Gießwasser. Gießen Sie ab jetzt durch den Spalt an der Vorderseite des unteren Balkonkastens.

1 Boden des oberen Kastens mit Bohrmaschine löchern. Bepflanzte Kästen dabei in der Aufhängung oder seitlich liegend bearbeiten.

2 Unteren Kasten 5 cm hoch mit Tongranulat, hohen Steinen oder ähnlichen Abstandshaltern auffüllen.

3 Kästen ineinandersetzen.

4 Reservoir durch Spalt an Vorderseite auffüllen.

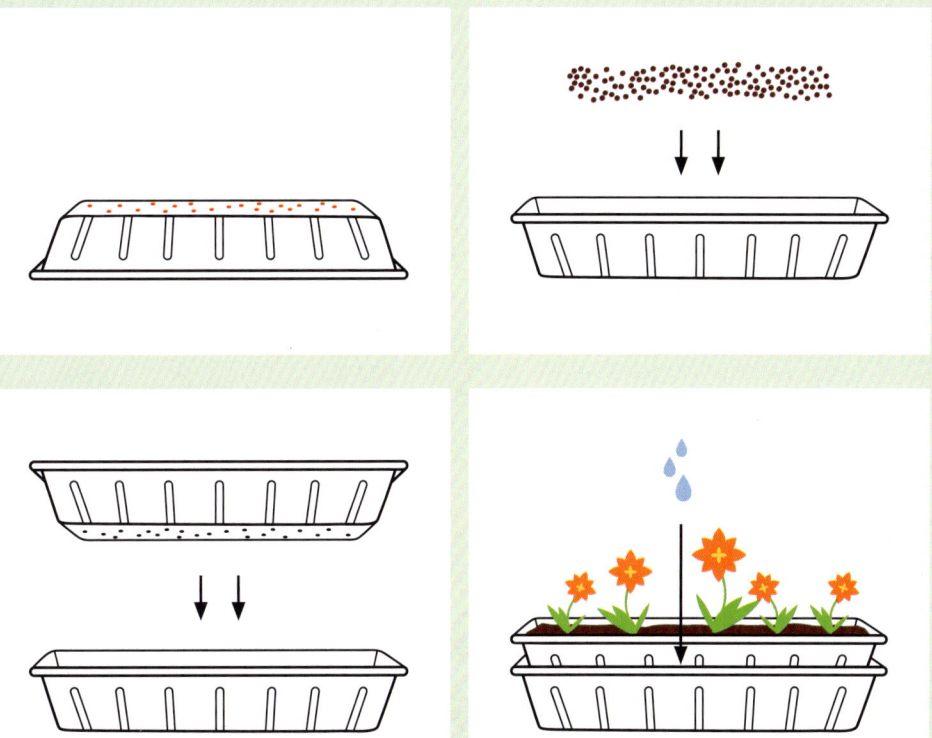

Platz schaffen

Erfolgreiches Gärtnern beginnt mit der Organisation des vorhandenen Platzes. In vielen Wohnungen finden sich jedoch nur minimale Stellflächen. Fensterbänke sind die am häufigsten vorhandenen Stellflächen, doch ist ihr Platz schnell ausgeschöpft. In Dachgeschosswohnungen mit Schrägen sind Pflanzen im Fenster fast unmöglich.
Diese Vorgaben mit den Ansprüchen der einzelnen Pflanzen zu vereinen, kann schwierig werden. Um Ihren Platz maximal auszunutzen, benötigt es die Erweiterung der vorhandenen Flächen in die Horizontale wie in die Vertikale. Kombinieren Sie hängende, stehende und stapelbare Gefäße. Nutzen Sie dünne Seile als Rankhilfen, die Sie durch den Raum spannen. Hocker, Regale und Treppen eignen sich wiederum für die vertikale Platzerweiterung.

Zudem können nicht überall Fensterbänke als Stellfläche genutzt werden – z.B. in Küche und Bad müssen die Fenster vollständig zu öffnen sein, um Feuchtigkeit auslüften zu können und Schimmelbildung zu verhindern. Für diese Situationen eignen sich hängende Gefäße an einer Gardinenstange, die sich bei Bedarf zur Seite schieben lassen.

Links: Gewächshauser dienen zur Anzucht und Überwinterung von wärmeliebenden Pflanzen. Mit Regalen ausgestattet vervielfacht sich die Anbaufläche. Sie bringen das Gärtnern in die Vertikale und dienen auch mal als Rankgerüst.

Mitte: Eine einfache Konservendose reicht für Erdbeeren, um Früchte hervorzubringen. Anleitung auf Seite 71.

Rechts: Durch ein einfaches Mini-Gewächshaus wird viel Stellplatz für Pflanzen geschaffen. Sonnenliebende Pflanzen können näher an das Licht gehoben und Schattenpflanzen von ihr geschützt werden.

Nr. 9
0–15 € | 0:05 h
Schraubzwingen
2 Stück

Blumenkasten sichern

Viele wünschen sich, ihre äußeren Fensterbänke mit Blumenkästen ausstatten zu können. Oft sind professionelle Systeme aber
nicht für alle Arten von Fensterbänken geeignet. Eine Lösung bietet die Verwendung
von Schraubzwingen. Voraussetzung ist eine
ausreichende Breite der Fensterbank.

Nr. 10
0–15 € | 0:15 h

Nylonseil
Blumenampeln

Gardinenstange

Eine Gardinenstange kann als zusätzlicher
Aufbewahrungsort zweckentfremdet werden. Verwenden Sie hier nur kleine Blumenampeln. An Ringen und in unterschiedlichen
Höhen aufgehängt, lassen sich die Ampeln
leicht beiseiteschieben.

1   Schraubzwingen mit Griff nach
oben an der Fensterbank anbringen und kräftig festdrehen.

1   Blumenampel an Nylonseil
hängen.

2   Seil an Gardinenring knoten.

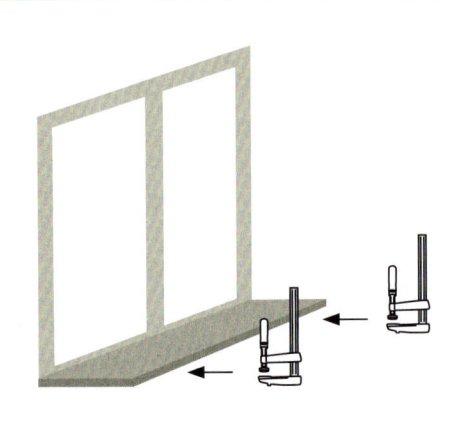

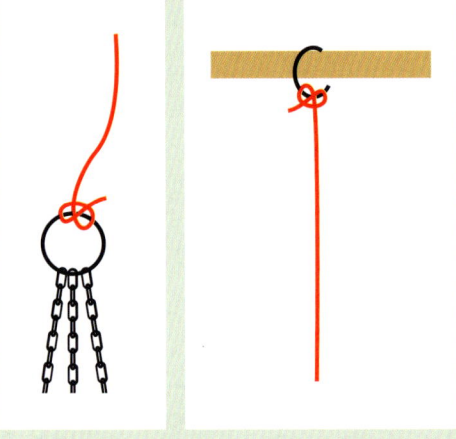

Nr. 11   **Blumenampel-Netz**

0–10 € | 0:30 h

Topf
Baumwollkordel ca. 6 m
Metallringe 2 Stück

Mit dem Blumenampel-Netz kann man jeglichen Behälter zu einer Blumenampel umfunktionieren – seien es alte Gießkannen, Konservendosen, Schachteln oder einfache Tontöpfe. Bunte Seile geben Ihnen die Freiheit, farbige Akzente zu setzen. Wählen Sie je nach Objekt eine angemessene Stärke der Baumwollkordel.

1   Kordel in vier gleich lange Teile schneiden.

2   Alle vier Kordelstücke an den Ring knoten.

3   Nach ca. 20 cm ersten Knoten mit jeweils einer Kordel von zwei Strängen machen.

4   Sechs Zentimeter nach ersten Knoten Kordeln über Kreuz verknoten.

5   Topf hineinhalten um Maschengröße zu überprüfen.

6   Schritt 4 wiederholen.

7   Untere Enden der Kordel an zweitem Metallring festknoten.

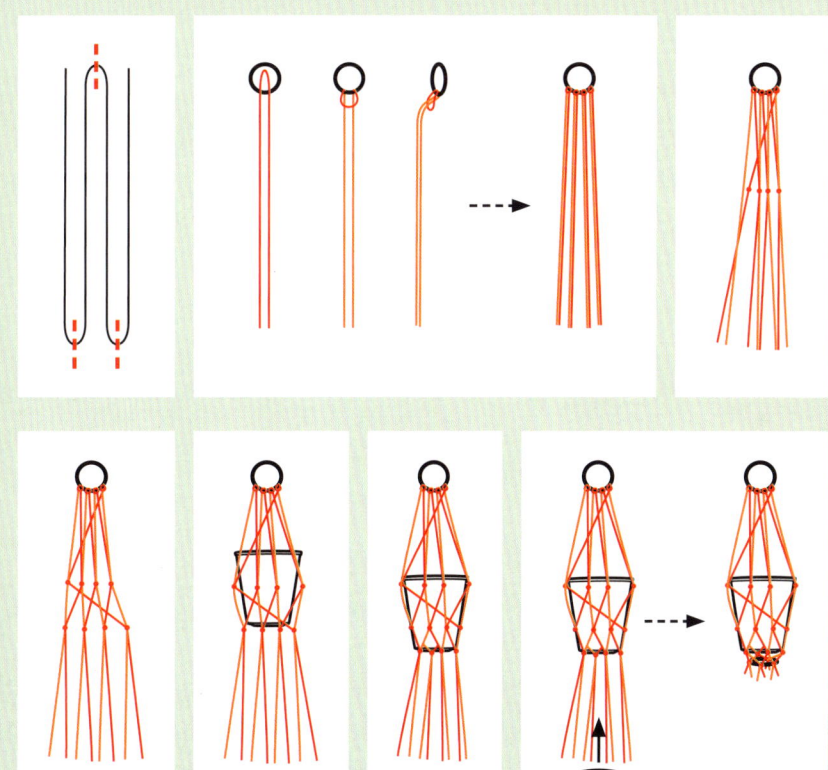

Nr. 12

50 € | 1:30 h

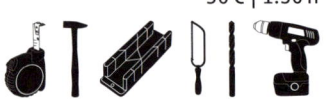

Holzbretter 2 cm Dicke 5 Stück

Winkelverbinder 2 Stück

Holzschrauben 12 Stück

Blumentisch

Wem seine Fensterbänke zu klein sind, der kann sie durch einen Blumentisch erweitern. Dazu eignen sich einfache Pressplatten aus dem Baumarkt. Zu beachten ist, dass Sie die Heizungen nicht verstellen und Thermostate frei zugänglich lassen. Somit empfiehlt sich eine offene Konstruktion. Achten Sie auf eine gewisse Tiefe der Konstruktion, um ihre Standfestigkeit zu gewährleisten. An Holzfensterbänken kann der Tisch von unten mit einem oder zwei Flachverbindern verschraubt werden.

1   Breite und Höhe der Fensterbank messen.

2   Ein Brett (A) auf die Länge der Fensterbank zuschneiden. Zweites Brett (B) 10 cm kürzer zuschneiden und mittig bis zur Hälfte auf Brettdicke (2 cm) einfräsen.

3   Drei Bretter (C) auf Höhe der Fensterbank-Oberkante minus der Brettdicke von (A) zuschneiden.

4   Ein Brett mittig auf Brettdicke (2 cm) einfräsen.

5   Löcher für Schrauben in die beiden Kanten von Brett (B) vorbohren.

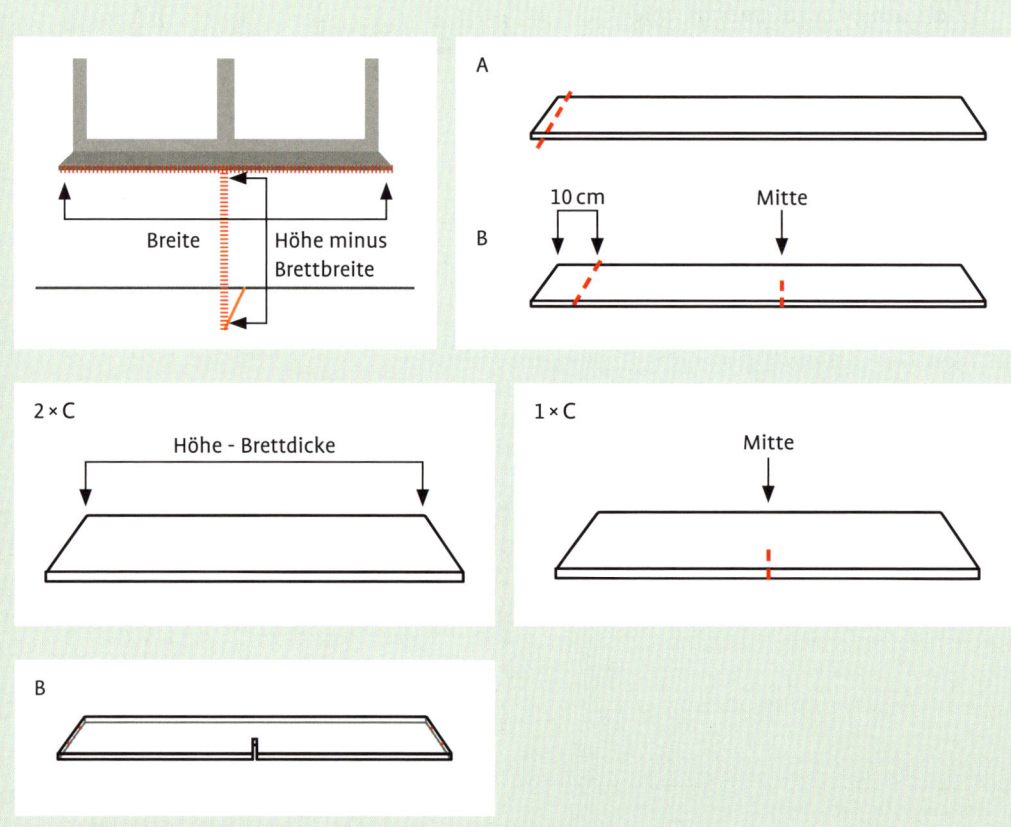

6 Mittelfuß (B und C) zusammenstecken. Dazu am besten hinlegen.

7 Passende Löcher mittig in die zwei Standfüße (C) bohren.

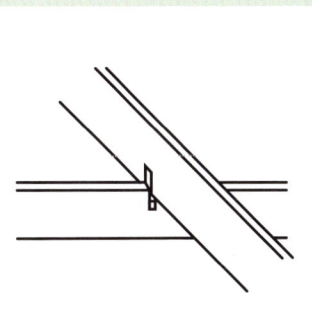
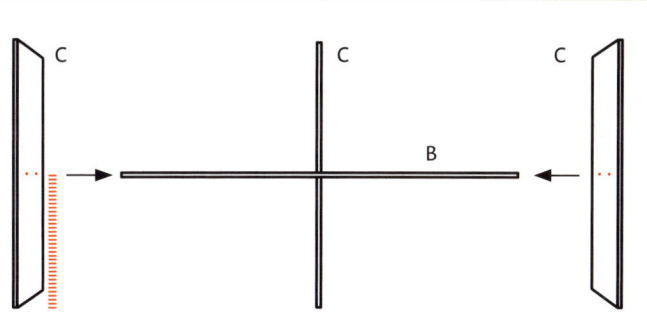

8 Seitenfüße festschrauben. Konstruktion aufstellen.

9 Brett A hinlegen und Konstruktion mittig darauf stellen. Mit zwei Winkelverbindern festschrauben.

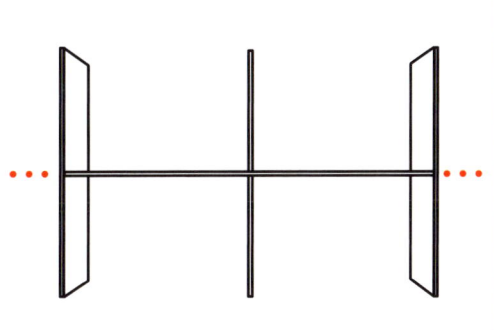
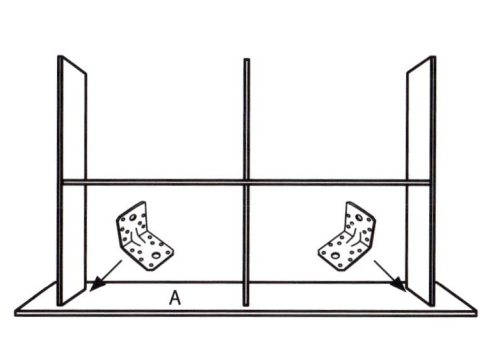

10 Regal aufstellen. Gegebenenfalls zwei Holzstücke als Klemmen zur Verbindung mit der Festerbank unter das Regal schrauben.

11 Achten Sie darauf einen Mindestabstand der Regalbeine zum Heizkörper von 3 cm einzuhalten.

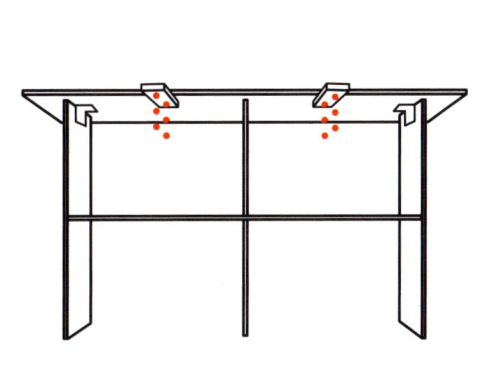

Nr. 13

50 € | 1:00 h

Holzbretter 3 Stück
Hakenschrauben 2 Stück
Dübel 2 Stück
Karabiner 2 Stück
Seil ca. 8 m

Hängendes Blumenregal

Ein hängendes Blumenregal über der Fensterbank ermöglicht die doppelte bis dreifache Nutzung einer Fensterfläche für Pflanzen. Planen Sie vor dem Beginn des Bauens die Wuchshöhen der Pflanzen ein, die Sie im Regal platzieren wollen. Sie können beim Bau die Regalbrett-Abstände auch unterschiedlich gestalten, um Sie an Ihre Blumen anzupassen.

Verwenden Sie das Regal nur für eine Hälfte Ihres Doppelfensters. Für das ganze Fenster nur, wenn Sie im Raum noch ein zweites Fenster haben, das sich problemlos öffnen lässt.

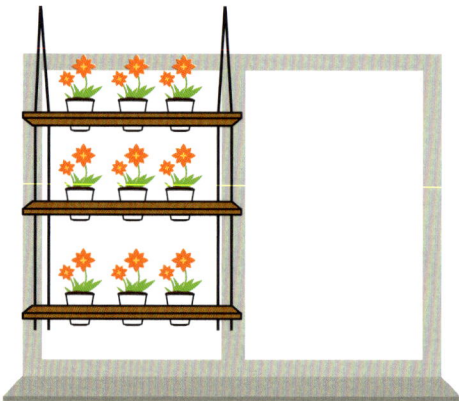

1   Höhe und Breite des Fensters auf Mitte des Fensterrahmens messen.

2   Zwei oder drei Bretter auf die gemessene Breite zuschneiden und je drei Löcher für die Blumentöpfe bohren mit ca. 13 cm Durchmesser.

3   Je vier Löcher für die Aufhängung bohren.

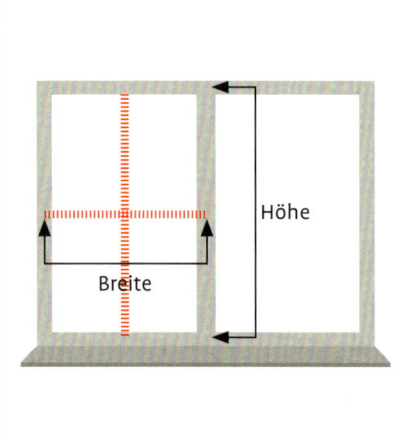

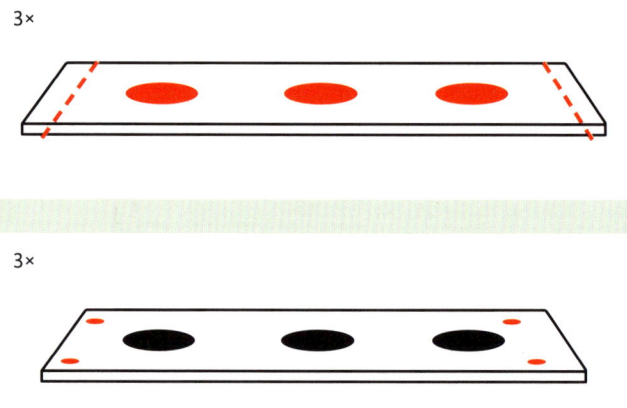

4 Abstand zwischen den Aufhän-
gungslöchern messen und passende Löcher in die Decke
oder den Fenstersims bohren.

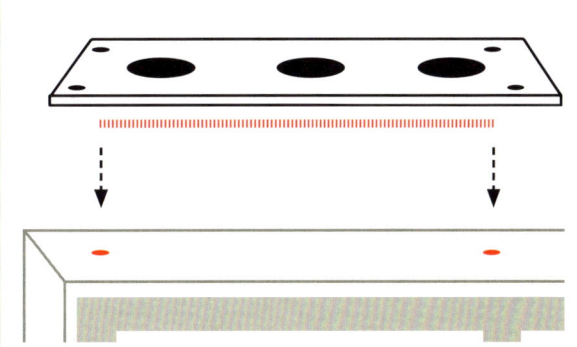
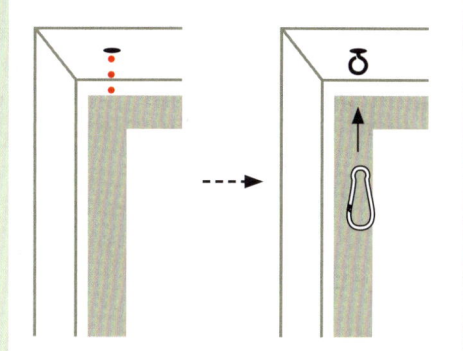

5 Dübel in die Wand und Hakenschrauben in die Löcher drehen. Karabiner einhängen.

6 Seil in zwei gleich lange Teile
schneiden.

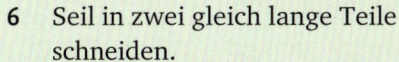
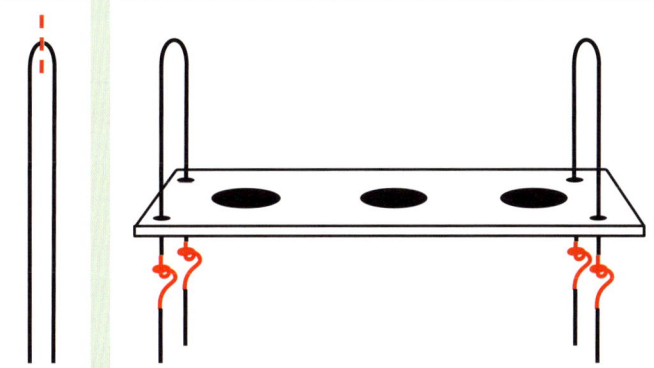

7 Seil an beiden Seiten durch
das erste Brett fädeln und in
gewünschter Höhe einen Knoten machen.

8 Diesen Schritt mit den anderen
Brettern wiederholen, bis alle
auf der richtigen Höhe übereinander hängen.

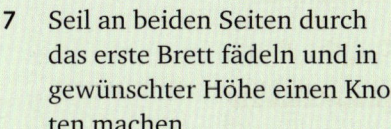
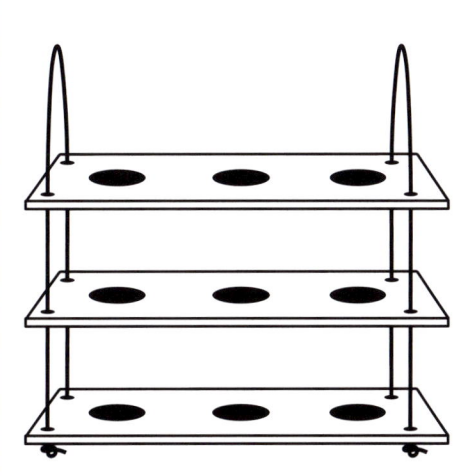

9 Regal in Karabiner einhängen
und Töpfe einsetzen.

Eine aufgestellte Palette kann auch als Pflanzobjekt dienen. Ihr geringer Wurzelraum eignet sich hauptsächlich für flachwurzelnde und trockenheitsverträgliche Kräuter.

Einfache Pflanzgefäße

Unter einfachen Gefäßen verstehen wir all jene, die wenig Zeit und Material für ihre Einrichtung benötigen. Ob vertikale, stehende oder hängende Lösungen, ob für Blumen oder für Gemüse: jedes Objekt hat seine spezifischen Merkmale, die für bestimmte Situationen eine gute Lösung darstellen.

Säcke und Taschen

Pflanzsäcke sind die einfachste Art, Pflanzraum zu schaffen und auf gepflasterten oder versiegelten Flächen zu gärtnern. Sie bieten die ideale Lösung für starkzehrende Gemüse, die sowohl viel Platz als auch viel Wurzelraum und Nährstoffe brauchen. Dazu gehören sowohl sämtliche Kürbis- und Kartoffelarten, aber auch Tomaten, Auberginen und Kohlgemüse. Die dargestellten Varianten lassen sind durch Rankstäbe oder Rankgitter erweitern, die für kletterndes Gemüse wie Bohnen, Erbsen oder Gurken benötigt werden.

Jegliche recycelten und gut reißfesten Taschen aus nicht verrottendem Material wie PE oder PET lassen sich zu Pflanztaschen umfunktionieren. Ihr geringes Gewicht ist ein Vorteil gegenüber Ton- oder Metallgefäßen. Wer Pflanzsäcke auf einem Rasen platzieren möchte, sollte eine Palette darunterlegen, sodass das Gras nicht eingeht und die Säcke besser belüftet werden.

Kisten und Hochbeete

Ein Garten aus Kisten ist vor allem für Stein- oder Asphaltflächen eine Lösung. Kisten sind mobil und bieten durch ihren tiefen Wurzelraum auch Tiefwurzlern und Wurzelgemüse gute Bedingungen. Bauen Sie ein Hochbeet, indem Sie Ihre Kisten aufeinanderstapeln. Hochbeete bieten einen guten Arbeitskomfort. Sie sind vor allem auch für Senioren und Rollstuhlfahrer geeignet. Um möglichst mobil zu sein, können Sie die Kisten auch auf Paletten stellen. In Kisten zu gärtnern ist auch eine gute Methode, um einem Befall von Fressfeinden wie Schnecken oder Wühlmäusen vorzubeugen.

Türme und Säulen

Wer wenig Fläche zur Verfügung hat oder eine einfache Möglichkeit sucht, seinen Garten in die Vertikale zu erweitern, sollte Pflanzentürme oder -säulen in Betracht ziehen. Sie verfügen über einen stabilen Boden und können rundum bepflanzt werden. Ihr Fassungsvermögen wird durch die gewählte Höhe beeinflusst. Platzieren Sie die Konstruktion als Blickfang in Ihrem Vorgarten, neben der Haustür oder auf der Terrasse.

Für die Bepflanzung empfehlen sich buschige, dicht wachsende oder überhängende Pflanzen. Geranien, Stiefmütterchen oder Fuchsien, aber auch Salate oder Erdbeeren eignen sich gut. Bei dichtem Wuchs ist die Konstruktion später nicht mehr zu sehen.

Hängende Gefäße

Hängende Gefäße sind eine schöne und platzsparende Abwechslung zu stehenden Gefäßen. Mit ihnen lassen sich ausgefallene Kompositionen unterschiedlich wachsender Pflanzen kreieren, die sich über alle Seiten der Gefäße ausbreiten können.

Mischungen verschiedener stehender und hängender Pflanzen sind zu empfehlen. Kriechende oder Ausläufer bildende Pflanzen entwickeln dichte dekorative Überhänge für die seitliche und untere Bepflanzung. Hierfür kommen die Blaue Mauritius, die Fächerblume, Gundermann, Erdbeere, Grünlilien und Efeu in Frage. Strauchig überhängende Gewächse für die seitliche Bepflanzung sind u.a. die Hängefuchsie, Hängepelargonie oder Hängebegonie. Kletternde oder rankende Pflanzen für die mittlere und obere Pflanzpartie sind z.B. das Rankende Rosenkleid, Kanarien-Kapuzinerkresse oder Kapuzinerkresse. Frühlingsblumen wie Stiefmütterchen, Vergißmeinnicht, Primeln oder Goldlack sind frostunempfindlich. Im Sommer eignen sich Geranien, Petunien oder Männertreu. Im Herbst sind Erika, Chrysanthemen oder Astern Favoriten.

Wände

Bepflanzbare Wände sind Konstruktionen, die eine vertikale Fläche flach begrünen. Draußen rund um das Haus kennt man u.a. Spaliere, an denen Obstbäume zu schmalem Wachstum erzogen werden, und Konstruktionen aus Drahtseil, die über eine Wandfläche gespannt werden. Der Stadtgärtner benutzt allerdings auch gerne mit Substrat aufgefüllte Paletten, die an die Wand gestellt werden, oder baut sich Halterungen, mit denen Pflanzbehälter übereinander an einer Wand befestigt werden können.

Links: Die beschwipsten Töpfe sind ein richtiger Hingucker. Am besten bepflanzt man sie mit Kräutern, die wenig Wasser brauchen.

Mitte: Ein Garten aus Bäckerkisten im Prinzessinnengarten Berlin ist durch einen Schlauch an ein Bewässerungssystem angeschlossen.

Rechts: Ein Flowertower in all seiner Pracht. Er schmückt Weggabelungen genauso wie Hausecken und Eingangsbereiche.

Nr. 14

0–15 € | 0:10 h

Erdsack 60 l

PE-Töpfe

Erdsack mit Erweiterung

Einen ganz normalen Erdsack können Sie direkt bepflanzen. Um den Wurzelraum in die Höhe zu erweitern, kann man Plastiktöpfe mit ausgeschnittenem Boden in die Erde stellen. Diese werden dann mit Erde befüllt und bepflanzt.

Nr. 15

0–10 € | 0:10 h

Kaffeesack (Leinen)

Reissack (PE)

Kartoffelsack

Für die Anzucht von Kartoffeln eignen sich am besten flexible Leinen- oder Plastiksäcke. Man krempelt den Sackrand zunächst um und rollt den Sack dann mit fortschreitendem Pflanzenwachstum wieder höher auf. Gleichzeitig schüttet man mehr Erde auf, wodurch mehr vorhandener Erdraum entsteht. Die Kartoffelpflanze wächst dadurch weiter in die Höhe und bildet über das komplette Erdvolumen ihre Knollen.

Nr. 16

0–5 € | 0:10 h

Einkaufstasche (PET)

Pflanztasche

Recyclingtaschen aus ehemaligen PET-Flaschen sind reißfest und robust, wobei sie gleichzeitig leicht und flexibel sind. Mit Luftlöchern versehen, eignen sie sich vor allem zur Anzucht von Kohl und anderem kälteliebenden Grobgemüse. Auch Möhren bieten sie eine ausreichende Erdtiefe. Eine Drainageschicht aus kleinen Ästen verhindert die Bildung von Staunässe.

1   Pflanzlöcher in den Sack schneiden und mehrere Luft-löcher stechen.

2   Boden der Plastikbehälter aus-schneiden.

3   Behälter in die Löcher stecken, Erde einfüllen und bepflanzen.

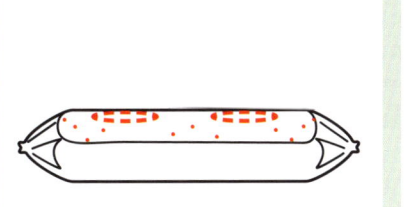  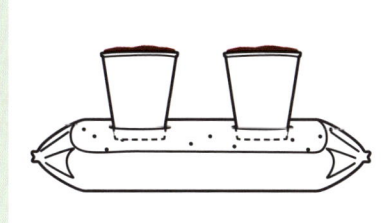

1   Sack 30 cm hoch mit Substrat füllen und bewurzelte Kartof-fel darin versenken.

2   Bei 20 cm Pflanzenhöhe etwa 10 cm Substrat nachfüllen.

3   Nach gutem Wachstum weite-res Substrat auffüllen. Mehr Kartoffeln werden sich bilden.

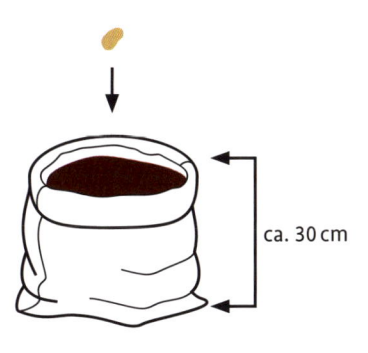

ca. 30 cm

1   Einkauftasche im Boden und unteren Drittel mit Luft- und Ablauflöchern versehen.

2   5 cm-Schicht kleiner Äste auf-schichten. Erde darüberfüllen, bis ein paar Zentimeter unter den Rand.

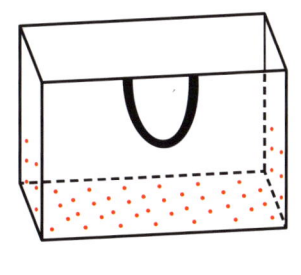 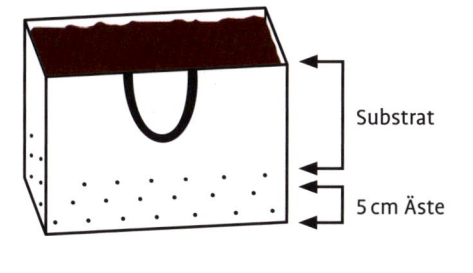

Substrat

5 cm Äste

Nr. 17

20 € | 1:00 h

Trockenmoos
Moosteppiche
Jungpflanze
Bonsaierde
Lehm
Bindfaden
Wasser

Kokedama

Kokedama sind eine japanische Form der Pflanzen-gestaltung, bei der eine Pflanze in einen Ball aus Erde und Moos gefasst wird, den man in ein Fenster hängt oder aber auf einer Schale drapiert.

Zum Gießen mehrmals pro Woche in einen Wasser-eimer tauchen und gut abtropfen lassen. Alternativ mit einer Sprühflasche benetzen. Das Garn wird nach einiger Zeit im Moos verschwinden.

1   Bonsaierde mit Trockenmoos, Lehm oder Ton und Wasser zu formbarer Masse anmischen.

2   Pflanze von Erde befreien (ausschütteln oder abspülen). Wurzelballen in Trockenmoos einhüllen. Gegebenenfalls mit Garn fixieren.

3   Erdkugel mittig teilen und Wurzelballen hineinlegen. Kugel wieder zusammendrücken und gleichmäßig formen.

4   Kugel rundum mit den leben-den Moosstücken umkleiden.

5   Moosstücke mit Garn fest-schnüren. Ende verknoten und aufhängen.

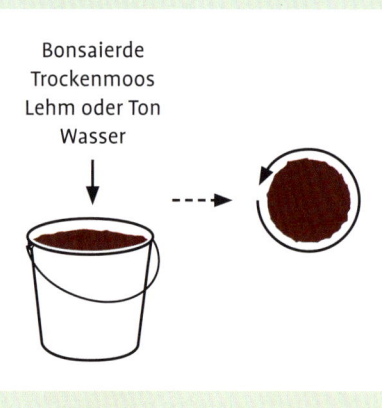

Bonsaierde
Trockenmoos
Lehm oder Ton
Wasser

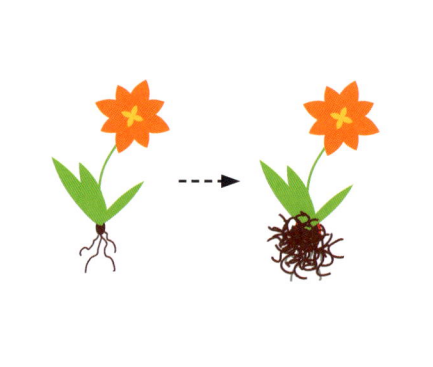

Nr. 18

0-40 € | 0:45 h

Eurokisten mit Gitterboden 2 Stück
Pappe
kleine Äste
Komposterde
frischer Grünschnitt

Bäckerkistengarten

Ein Garten aus Bäckerkisten ist vor allem für Stein- oder Asphaltflächen eine Lösung. Die Kisten sind mobil und bieten durch ihren tiefen Wurzelraum auch Tiefwurzlern und Wurzelgemüse gute Wuchsbedingungen. Zudem haben sie eine angenehme Arbeitshöhe, da die Pflanzen erhöht stehen. Eine Drainageschicht aus kleinen Ästen sorgt für Belüftung von unten und beugt Schimmelbildung vor.

Für eine integrierte Bewässerung können Sie entweder eine Tropfbewässerung über die Erdkrume legen oder einen Behälter im unteren Bereich der oberen Kiste versenken, der als Wasserspeicher dient.

1   Seiten mit großen Pappestücken auskleiden.

2   Untere Kiste 20 cm hoch mit kleinen Ästen füllen. Danach abwechselnd je 5 cm frischen Grünschnitt und Komposterde aufschichten. Erde gründlich angießen.

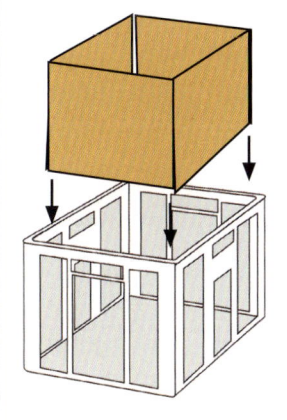

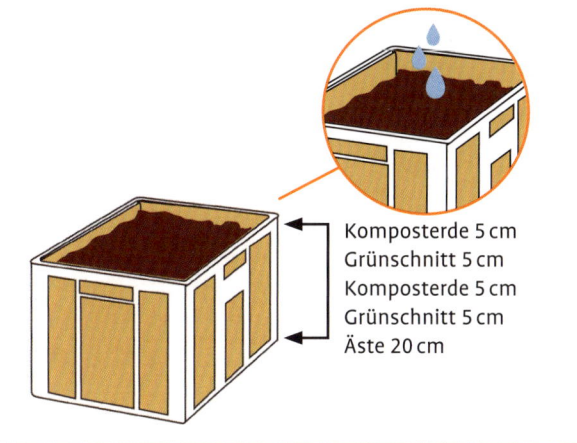

Komposterde 5 cm
Grünschnitt 5 cm
Komposterde 5 cm
Grünschnitt 5 cm
Äste 20 cm

3   Zweite Kiste daraufstellen und zuunterst Erde einfüllen. Dann Schritt Zwei wiederholen. Oben 10 cm bis zum Rand freilassen.

4   Setzlinge mit genügend Abstand zueinander einpflanzen und gründlich gießen.

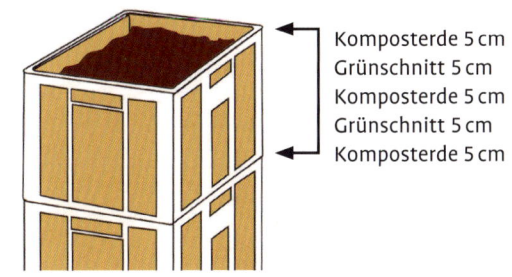

Komposterde 5 cm
Grünschnitt 5 cm
Komposterde 5 cm
Grünschnitt 5 cm
Komposterde 5 cm

Nr. 19

15 € | 1:00 h

Tontöpfe mit Loch
ø 30 cm, 2 × 24 cm, 15 cm
Eisenstange

Die beschwipsten Töpfe

Die beschwipsten Töpfe, im Englischen „tipsy pots",
sind eine weit verbreitete und wundersame Konstruktion, die Ihnen sicherlich einige Bewunderung
und neue Kontakte bescheren wird.

Die Konstruktion eignet sich sowohl für Blumen als
auch für Kräuter oder Beeren. Erdbeeren profitieren
ebenfalls von der erhöhten Position. Sie schützt Ihre
Früchte vor Fressfeinden und vor Faulen durch
Nässe. Achten Sie darauf, die Konstruktion gegen
Umfallen zu sichern, indem Sie die Eisenstange tief
in den Boden schlagen. Beschweren Sie den unters-
ten Topf gegebenenfalls mit Steinen.

1   Die Töpfe vor dem Anordnen
bepflanzen. Dabei keine Ton-
scherbe ins Loch legen.

2   Stange mindestens 20 cm tief
in den Boden schlagen.

3   Die Töpfe von oben durch das
Abzugsloch über die Stange
führen.

4   Töpfe abwechselnd in entge-
gengesetzte Richtung schräg
stellen, so dass ein Gleichge-
wicht entsteht.

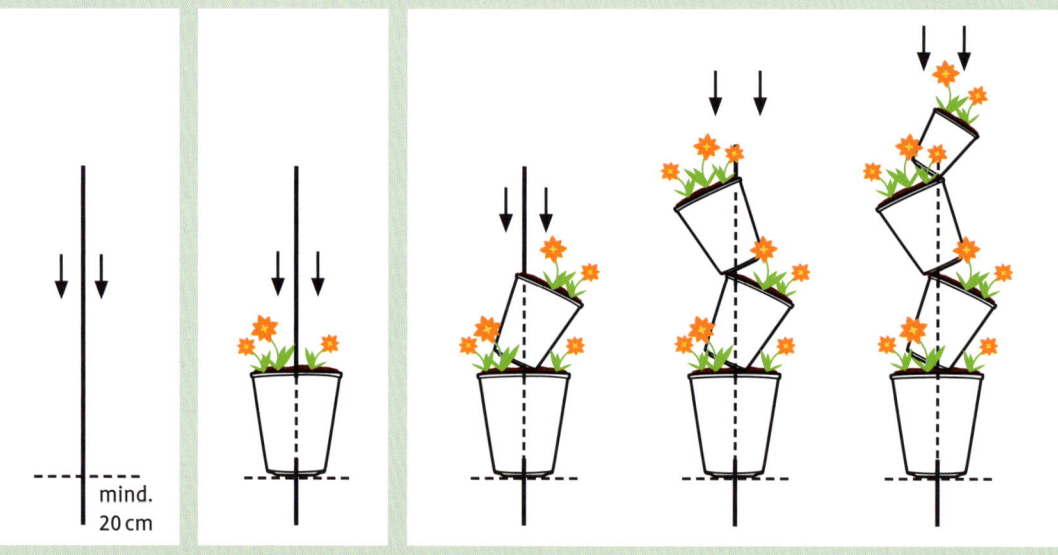

mind.
20 cm

Nr. 20

15 € | 1:00 h

Tontöpfe mit Loch
ø 24 cm, 2 × 20 cm, 15 cm
Kunstfaserseil 3 m

Hängende beschwipste Töpfe

Wählen Sie einen Platz im Windschatten, nicht zu nah an einer Wand. Bei starkem Wind kann die Konstruktion sonst gegen die Fassade prallen. Wenn Sie auf Nummer Sicher gehen wollen, können Sie die Befestigungskette auch bis in den Boden spannen. Dazu gießen Sie das eine Ende des Seils in Beton und bringen es einen halben Meter unter die Erde. Bringen Sie für die Aufhängung einen belastbaren Haken an.

1 Seil aus Kunstfaser durch ersten Topf führen und Knoten machen. Alternativ eine Kette nehmen und mit Schraube und Mutter festmachen. Töpfe ineinander stellen und Seil durch alle Bodenlöcher führen.

2 Töpfe nacheinander hoch ziehen und mit Erde füllen. Töpfe schräg auf die Kante des darunterliegenden Topfes stellen.

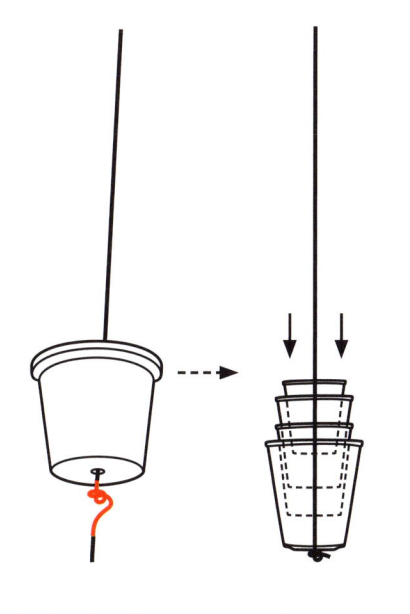

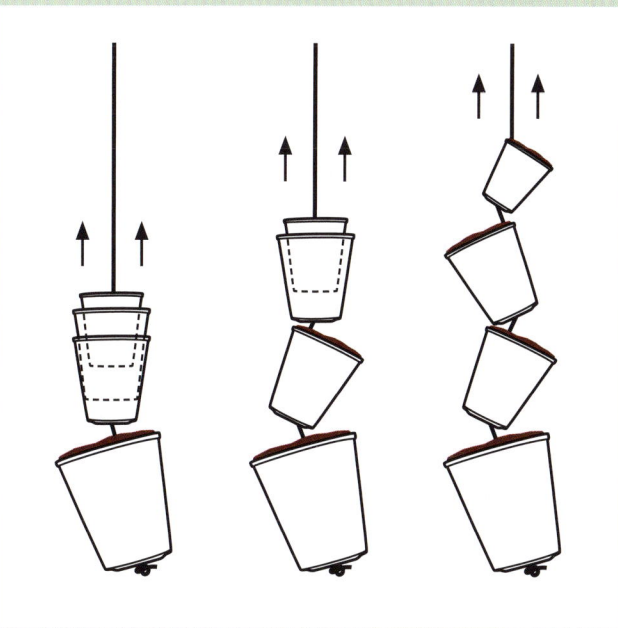

Nr. 21

10–30 € | 0:45 h

GMA-Palette
Pflanzfolie
Erde
Pflanzen

Palettengarten

Palettengärten haben einen sehr rustikalen Look. Sie eignen sich vor allem für kleinwüchsige Pflanzen. Wenn Sie Nutzpflanzen einsetzen wollen, gehen Sie sicher, dass die Palette nicht mit schädlichen Chemikalien, wie sie auf Industriegelände angewendet werden, in Verbindung gekommen ist. Diese Chemikalien können sonst auf Ihre Pflanzen gelangen und somit in Ihr Essen. Sie können die Palette entweder schräg gegen eine Wand lehnen oder sogar aufhängen. Beachten Sie dabei bitte, dass die bepflanzte Palette ein enormes Gewicht erreichen kann.

1   Rück- und Unterseite der Palette vollflächig mit Pflanz- oder Teichfolie in einer Bahn bespannen, die an allen Seiten mindestens zehn Zentimeter übersteht.

2   Folie rundum am Holz festtackern. An Ecken überlappen lassen. Nicht zu sehr spannen, damit keine Risse entstehen.

3   Innenraum mit Erde füllen. Ein paar Mal kurz aufrichten, damit sich die Erde setzt.

4   Jungpflanzen in die Ritzen und in die Oberseite pflanzen.

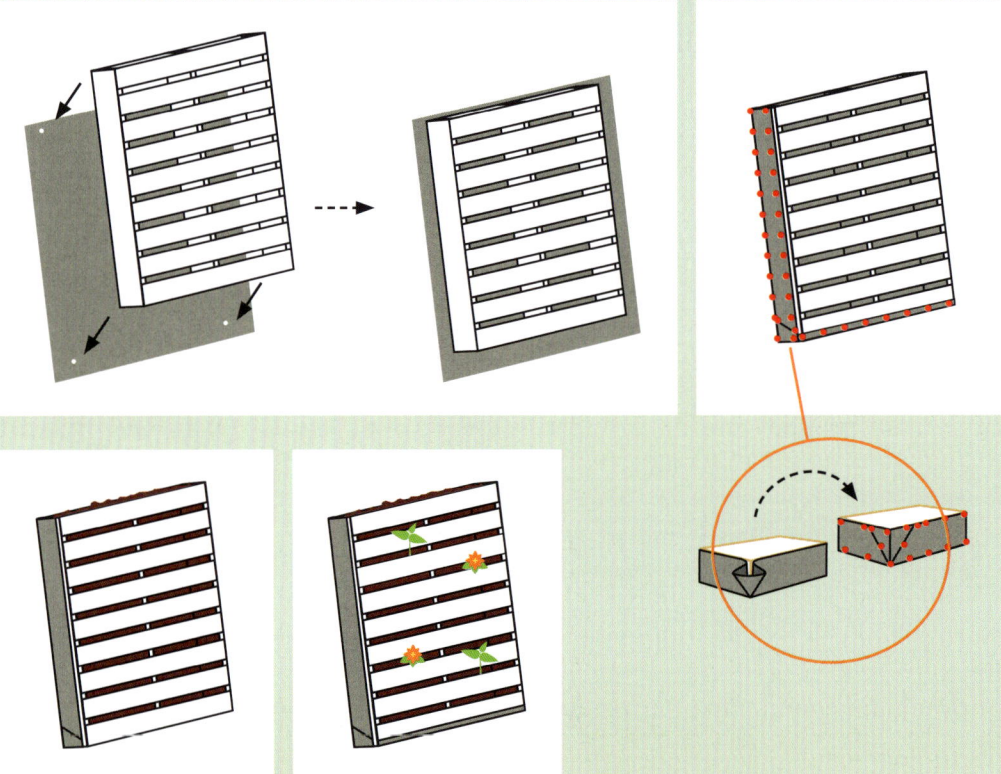

Nr. 22

15–25 € | 1:30 h

Behälter ø 40 cm
Hasendraht
Pflanzfolie
Bindedraht
Jungpflanzen
Erde

Blumenturm

Ein Blumenturm ist eine blühende bunte Säule. Sein Fassungsvermögen wird durch die gewählte Höhe bestimmt. Der Blumenturm wird rundum bepflanzt. Suchen Sie also zuerst einen Ort, an dem die Pflanzen genügend Sonne erhalten. Sie können den Turm auch auf eine rollbare Unterlage stellen, um ihn nach Bedarf zu drehen.

Besonders geeignet ist der Turm für den Eingangsbereich Ihres Hauses oder die Terrasse. Statt mit Blumen können Sie ihn natürlich auch mit Salaten oder kleinerem Gemüse und Beeren bepflanzen.

1 Hasendrahtgeflecht und Pflanzfolie mit Draht aneinander befestigen.

2 Drahtgeflecht zusammenrollen und bis zum Boden in den Pflanzebehälter stecken. Die Folie sollte innen liegen.

3 Enden mit Draht befestigen.

4 Erde bis zum oberen Rand einfüllen und festdrücken.

5 Kreuzweise Löcher in die Folie ritzen, wo die Pflanzen positioniert werden sollen.

6 Pflanze platzieren. Anschließend gründlich wässern und ggf. Erde nachlegen.

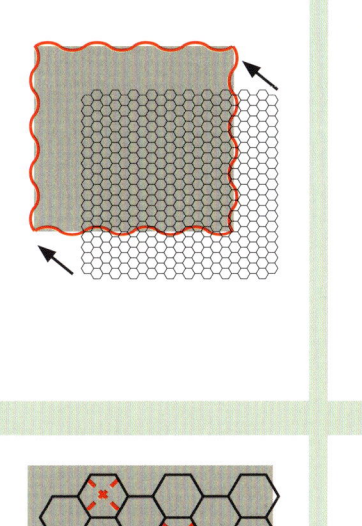
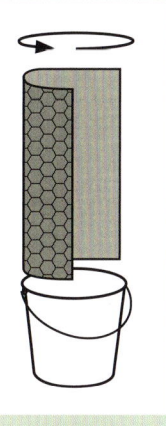
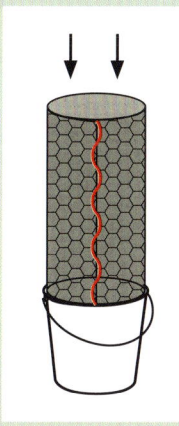

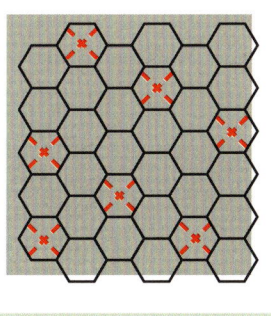

Nr. 23

35 € | 2:30 h

PE-Rohr ø 110 mm

Endkappe ø 110 mm

PE-Rohr ø 20 mm

Endkappe ø 20 mm

Ketten mit Clips 3 Stück

PVC-Kleber + -Reiniger

Jungpflanzen

Hängender Blumenturm

Ein hängender Blumenturm eignet sich gut zur Verschönerung der Hauswand. Die Bewässerung erfolgt entweder von Hand oder aber über ein integriertes Bewässerungsrohr. Großblumige Sommerblüher lassen bei gutem Wuchs die Konstruktion komplett unter sich verschwinden. Die Materialien dieser Konstruktion sind stabiler, aber auch enger als die des stehenden Blumenturms. Natürlich können Sie diese Version auch hinstellen.

1 Kleine Endkappe reinigen und mittig in große Endkappe kleben. Trocknen lassen.

2 In Pflanzrohr 3 cm breite Löcher und drei kleine Löcher für die Aufhängung bohren. Bewässerungsrohr mit 1mm-Bohrer perforieren.

3 Bewässerungsrohr reinigen, auf Endkappe stecken und festkleben.

4 Pflanzrohr reinigen, aufstecken und festkleben.

5 Substrat einfüllen.

6 Bepflanzen.

7 Wasser einfüllen und Ketten anbringen. Dann aufhängen.

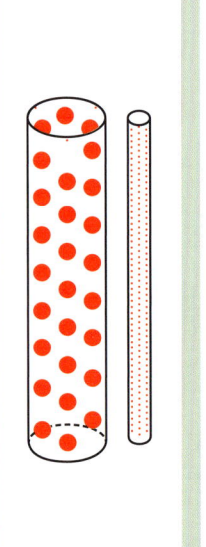

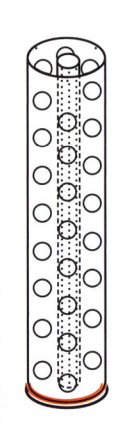

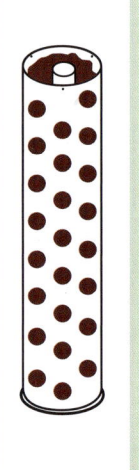

Nr. 24
10 € | 0:30 h

Hängekorb
Kokoseinlage
(bzw. Plastik- oder Textileinlage)
Plastiktüte
Jungpflanzen 10–15 Stück

Englische Blumenampel

Blumenampeln sind hängende Körbe für drinnen und draußen. Sie sind sowohl als Tongefäße als auch in Form von Gitter- oder Webkörben erhältlich. Mit Gitterkörben lassen sich besonders opulente Gestaltungen schaffen. Besonders bekannt ist diese Form der Hanging Baskets aus Großbritannien, wo Balkone und Terrassen mit reichlich überhängender Pflanzenpracht in Körben geschmückt sind. Hängende Körbe sind nicht nur geeignet für Blumen – auch Erdbeeren und kleinwüchsige Tomatensorten lassen sich hier kultivieren. Pro 35 cm Korbdurchmesser werden ungefähr 10–15 Pflanzen benötigt.

1 Blumenampel mit Kokoseinlage auskleiden.

2 Plastiktüte hineinlegen.

3 Einlage kreuzförmig an den Stellen einschneiden, wo Sie Pflanzen platzieren wollen.

4 Vorsichtig zum Einpflanzen Pflanzenhals durch Einschnitt in der Kokoseinlage und Drahtkorb fädeln.

5 Substrat um Ballen herum einfüllen, leicht andrücken und Oberseite bepflanzen.

Nr. 25

35 € | 0:10 h

Metallrost
Pflanzbett
Metallketten 4 Stück
Karabiner
S-Haken 4 Stück
Hakenschraube
Dübel
Erde

Hängender Rost

Ein Gitterrost kann als Platz sowohl für Pflanzkästen als auch als Anker für hängende Behälter benutzt werden. Durch die Kombination mit einem Seilzug lässt sich der Rost auf jede beliebige Höhe absenken. Sie können zwischen einer Hängung auf Augenhöhe, unter Augenhöhe oder über Augenhöhe abwechseln. Achten Sie darauf, die Konstruktion vor starkem Wind zu schützen. Anwendung findet diese Konstruktion vor allem auf Terrassen und in Wintergärten.

1   S-Haken an den Ecken des Metallrostes einhängen und Ketten anbringen.

2   Obere Kettenenden zum Karabiner zusammenführen und aufhängen.

3   Kiste auf den Rost stellen und mit Erde füllen.

Nr. 26

15–20 € | 0:20 h

Pflanzkiste (Holz)
Metallhohlrohr 2 Stück
Kette 2 Stück
Ringschrauben 4 Stück
Karabiner
Hakenschrauben
Dübel

Hängende Kiste

Einfache Kisten, ob aus Holz oder Plastik, lassen sich durch einfachste Mittel zu hängenden Behältern umrüsten. Es hat sich bewährt, die Löcher für die Ringschrauben mit einem Vorbohrer vorzubohren, bevor man die Schrauben eindreht, da das Material ansonsten splittern könnte.

1 Ringschrauben eindrehen.

2 Einige Abflusslöcher in Kistenboden bohren.

3 Kette durch Ringschrauben und Metallrohr führen.

4 Ketten zu Karabiner zusammenführen.

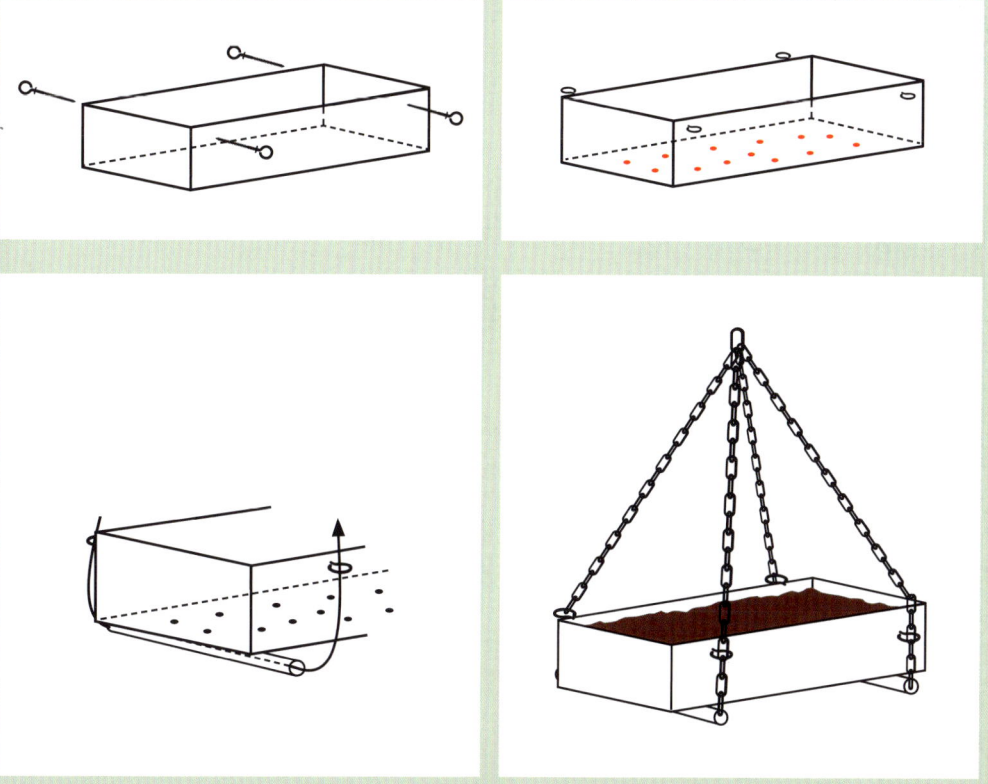

Nr. 27

10 € | 0:10 h

Plastiktopf
Kokosmatte
Metallketten 3 Stück
Karabiner
Hakenschraube
Dübel

Gefäß hängend - Wuchsrichtung nach unten

Eine sehr moderne und witzige Art des Anbaus ist das Überkopfhängen von Pflanzen. Dabei wird die Pflanze mit den Wurzeln zum Himmel in einen hängenden Container gepflanzt. Die Pflanze hat dadurch keine besonderen Wachstumsvorteile. Der Stadtgärtner mit wenig Platz kann diese Methode wählen, um seinen Platz bestmöglich auszunutzen.

1   Loch mit 3 cm Durchmesser mittig in Topfboden bohren sowie drei Löcher für die Aufhängung nahe der oberen Topfkante.

2   Seil oder Kette einfädeln, mittig zusammenführen und Topf aufhängen.

3   Kokosmatte kreisrund schneiden. In der Mitte ein Loch schaffen, an gegenüberliegenden Seiten einschneiden und Matte im Topf platzieren.

4   Wurzelballen von unten durch den Topfboden und die Kokosmatte stecken.

5   Erde einfüllen und angießen.

Nr. 28

0–10 € | 0:30 h

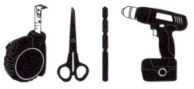

Seil
Blechdosen
Karabiner oder Haken

Hängende Dosen

Eine einfache und kostenlose Möglichkeit der vertikalen Bepflanzung bieten die hängenden Dosen. Sie sind sowohl in ihrem Urzustand als auch mit bunter Bemalung oder farbigem Seil ein Hingucker. Beachten Sie, dass beschichtete Dosen langlebiger sind und im Gegensatz zu unbeschichteten Dosen nicht zum Rosten neigen. Da bei diesem Objekt der Erdraum sehr gering ist, benötigen die Pflanzen öfter Wasser und Düngergaben als Pflanzen in größeren Gefäßen.

1 Je zwei Löcher in oberen Dosenrand bohren. Gegebenenfalls auch ein bis zwei Abtropflöcher bohren.

2 Seil in zwei gleich lange Stücke schneiden.

3 Seil von innen durch die Löcher fädeln und außen einen Knoten machen.

4 Dosen mit Substrat füllen und bepflanzen.

5 Obere Seilenden zusammenknoten und an Haken hängen.

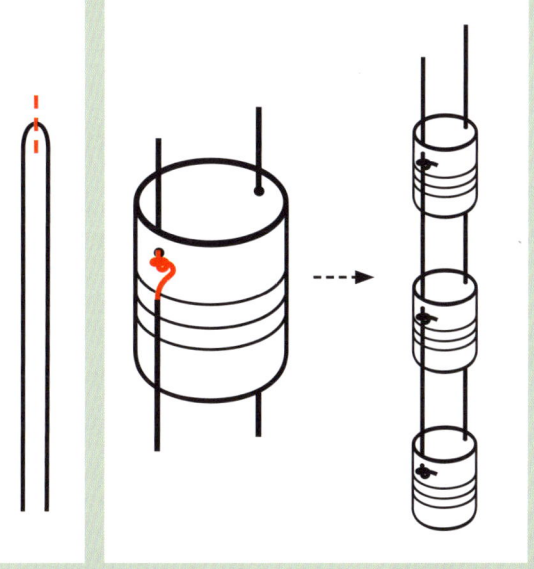

Rankendes Gemüse an Weidenstab-Tipis auf einem Dachgarten in städtischer Umgebung.

Gewächshaus, Kompost und Co.

Ohne hilfreiche Arbeitsmittel kommt man im Garten nicht aus. Sie ermöglichen uns beim Gärtnern die Anzucht wärmeliebender Gemüsesorten, verbessern die Wuchsbedingungen für einzelne Pflanzen und helfen einen natürlichen Kreislauf zu nutzen, der Wasser und organisches Material wiederverwertet. Um sicherzustellen, dass alles wächst und gedeiht, müssen alle verfügbaren Mittel sinnvoll eingesetzt werden.

Gewächshäuser
Ein Gewächshaus erhöht die Temperatur um die Pflanze, ermöglicht sie zu regulieren und verlangsamt den Verdunstungsprozess des Gießwassers. Dies fördert die Wachstumsbedingungen von Pflanzen. Besonders bei Anzuchten auf der Fensterbank wird warme Heizungsluft zum problematischen Faktor, da sie die Luft ihrer Feuchtigkeit beraubt. Im Garten schützen Gewächshäuser die Pflanzen vor Fressfeinden und schaffen die Grundlage zur Anzucht wärmeliebender Pflanzen in kühleren Zonen. Bei zu hoher Feuchtigkeit ist allerdings die Gefahr von Schimmelbildung gegeben. Auch bieten Gewächshäuser ideale Verbreitungsbedingungen für Schädlinge, weshalb der Einsatz von Schädlingsbekämpfung oft erforderlich wird.

Frühbeete
Das Frühbeet gehört zum grundlegenden Handwerkzeug des Gärtners. Es ermöglicht ihm, die Aussaat schon weit in den Spätwinter (Mitte – Ende Februar) vorzuverlegen. In einem Frühbeet entsteht ein stabiles, warmes Mikroklima, in dem Samen keimen und kleine Pflänzchen hervorragend wachsen können. Meist besteht ein Frühbeet aus einer Holzkiste mit Glas- oder Foliendach, es gibt aber

auch Varianten aus Plexiglas. Das Sonnenlicht erwärmt die Luft. Frühbeete sollten einmal täglich gelüftet werden, um den Pflanzen frischen Sauerstoff zukommen zu lassen.

Wasserqualität

Das Leitungswasser in unseren Städten ist nicht immer so ideal für Pflanzen und so sauber, wie es auf den ersten Blick scheinen mag. Manche Regionen haben besonders mit hartem, also kalkreichem Wasser zu kämpfen. Nicht alle Pflanzen vertragen kalkreiches Wasser gleich gut. Die Wasserqualität ist vor allem bei empfindlichen Zierpflanzen ein Faktor, der den Blüherfolg beeinträchtigen kann. Wachsen diese Pflanzen in der Natur auf einem eher kalkarmen Boden, können Gaben von Leitungswasser die Wuchsbedingungen für sie erschweren. Aber auch den Pflanzen im Gemüsebeet bekommt weiches, abgestandenes Wasser besser. Weiches Regenwasser ist Leitungswasser deshalb generell vorzuziehen. Den Balkongärtner stellt dies oft vor große Probleme. Er hat meist nicht die Möglichkeit, Regenwasser zu sammeln. Als Alternative kann man sein Wasser weichfiltern. Dazu benötigt man ein System mit Schichten aus Stein, Sand und Holzkohle, durch welches das Wasser geleitet wird. Diese Materialien filtern verschiedene Stoffe aus dem Wasser.

Rankhilfen

Rankhilfen werden von rankenden und kletternden Pflanzen benötigt und zum Aufleiten junger und dünner Triebe eingesetzt. Im Gartenbereich finden sich viele Rankhilfen aus Metall – flache oder gefächerte Gitter in verschiedenen Größen –, runde oder eckige Pergolen, sowie Rankgitter aus dünnen Holzlatten oder Bambusstäben.

Kompost

Kompostieren ist ein guter Weg, Haus- und Gartenabfälle zu recyclen und wertvolles, nährstoffreiches Düngesubstrat für den Gartenbau zu gewinnen. Der Verrottungsprozess findet unter Hitze statt, welche Bakterien und Pilze beim Zersetzen der Abfälle freisetzen. Je nach Hitze-entwicklung, die bis zu 70° C betragen kann, kann schon nach 3 bis 4 Wochen eine erste Mulchentnahme stattfinden. Endgültig zersetzt ist ein Kompost je nach Ausgangsmaterial nach etwa 6 bis 12 Monaten.

Für einen Komposter oder Komposthaufen eignet sich eine abseits gelegene, leicht beschattete Stelle mit Schutz vor starkem Regen, z.B. durch überhängende Äste. In einem Kompost können sämtliche leichten Gartenabfälle, vor allem Gras und Laub, aber auch fein gehäckselte Äste und organische Küchenabfälle sowie zerkleinerte Wellpappe, Eierkartons, schwarz bedrucktes Papier entsorgt werden. Der Hauptanteil sollte hierbei aus Gartenabfällen bestehen. Ein Kompost muss zur guten Belüftung regelmäßig umgesetzt werden und zum Schutz vor Fäulnis vor starkem Regen geschützt werden.

Kompostwürmer

Die Kompostierung mit Hilfe von Würmern kommt im Gegensatz zu einem Komposthaufen ohne große Hitzeentwicklung aus und ist besonders für Küchenabfälle aus kleinen Haushalten eine Alternative. Sie lässt sich auch auf einem Balkon bestens umsetzen. Es entsteht zum einen der Wurmhumus, ein nährstoffreiches Substrat, und zum anderen eine Jauche, die 1:10 verdünnt als flüssiger Dünger ausgebracht werden kann. Die Würmer brauchen 3–6 Monate, um den Humus herzustellen. Wichtig bei einem Wurmkomposter ist, die Materialien feucht zu halten, aber nicht unter Wasser zu setzen und den Würmern regelmäßig neues Futter zu geben. Geben Sie den Würmern keine tierischen Abfälle wie Fisch oder Fleisch, Haustierkot oder Fett und ölhaltige Küchenabfälle zu fressen. Diese können Würmer nur schwer verdauen. Auch Äste oder Zweige gehören nicht in den Wurmkomposter. Kompostwürmer erhalten Sie über das Internet oder im gut sortierten Gartenmarkt.

Links: Ein Kompost- und Arbeitsplatz gehört in jeden anständigen Garten.

Mitte: Mit Hasendraht überspannte Frühbeetrohre zieren diesen Garten. Ein Holzsteg markiert den Weg zwischen den Beeten und erleichtert das Arbeiten mit der Schubkarre.

Rechts: Je größer das Gartenprojekt, desto mehr Material wird benötigt. Man sollte also die Größe eines Lagerplatzes für Pflanzmaterialien nicht unterschätzen.

Nr. 29

30 € | 0:30 h

Stangen oder Äste 2 m 5 Stück
reißfeste Folie 1 m × 2,5 m
PVC-Kleber
Eimer ohne Boden
Erde
Pottasche
Kompost
Steine, Kies, Ziegel

Grauwasserturm

Als Grauwasser bezeichnet man gebrauchtes, leicht verschmutztes Wasser, wie es z.B. beim Spülen oder Waschen anfällt. Dieses Wasser kann durch einen biologischen Kreislauf gesäubert und zu Gießwasser aufbereitet werden. Der Grauwasserturm ist Pflanzturm und Wasseraufbereiter zugleich. In der Mitte befindet sich eine Säule aus Gestein, welches das Wasser reinigt. Darumherum ist der Turm mit Substrat aufgefüllt und an den Seiten bepflanzt.

Die Folie kann gegebenenfalls wie in der Anleitung auf Seite 65 durch Hasendraht verstärkt werden.

1   Stangen im 80 cm Durchmesser kreisförmig mindestens 60 cm in den Boden eingraben.

2   Folie um die Stangen wickeln und überlappend verkleben. Dann runter rollen.

3   Eimer mittig hineinstellen und mit Steinen füllen. Dann Substratmix drumherum auffüllen.

4   Eimer nach oben ziehen. Punkt Drei und Vier wiederholen, bis der Turm einen Meter Höhe erreicht hat.

5   Eimer als Trichter eigebaut lassen. Grauwasser über Trichter einfüllen.

6   Folie an Seiten einschneiden und bepflanzen.

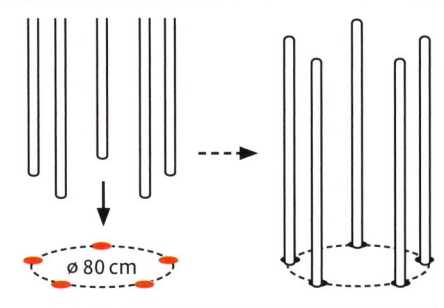

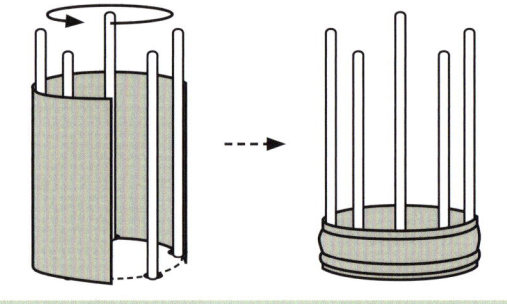

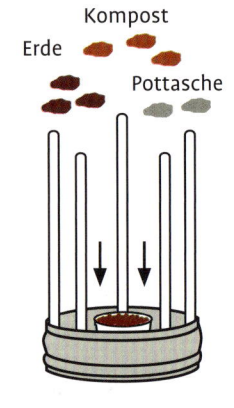

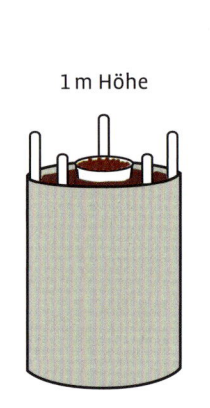

Nr. 30

0–2 € | 0:02 h

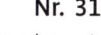

PET-Flasche

Flaschen-Gewächshaus

Ein Flaschen-Gewächshaus ist billig und immer zur Hand. Es eignet sich vor allem für die Anzucht von Setzlingen aus Saatgut. Halten Sie das Substrat immer leicht feucht. Lüften Sie das Gewächshaus regelmäßig und kontrollieren Sie die Temperatur.

Nr. 31

5 € | 0:10 h

Bambusstäbe
3 Stück

transparente Tüte

Folien-Gewächshaus

Diese Gewächshaus-Konstruktion lässt sich beliebig an die Größe einer Pflanze anpassen. Dieselbe Konstruktion kann zur Schädlingsbekämpfung beim Befall einer Pflanze mit fliegenden Insekten eingesetzt werden.

1   Flasche durchschneiden.

2   Oberen Teil abnehmen.

1   Mindestens drei Bambusstäbe an die Ränder eines bepflanzten Topfes stecken.

2   Plastiktüte darüberziehen.

3   Mit Schere kleine Luftlöcher hineinstechen.

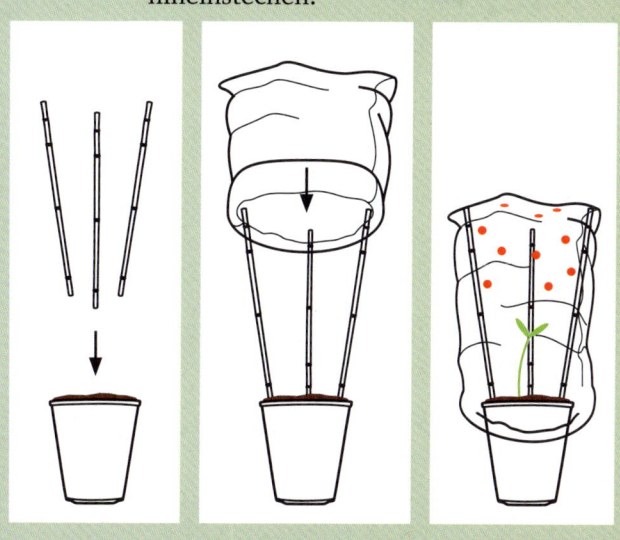

Nr. 32

55 € | 3:00 h

Schrank vom Sperrmüll
Drahtgeflecht (8 mm-Maschen)
Mauersteine
Gewächshaus- o. Gitternetzfolie
Holzlatten 2 Stück
Metallverbinder 4 Stück
Kies

Frühbeet

Unser Frühbeet besteht aus einem alten Schrank vom Sperrmüll, der um ein Dach aus Gewächshausfolie erweitert ist. Die Folie ist an Latten befestigt, sodass man sie zum Lüften einfach aufrollen kann. Ein Fundament sorgt für die gewünschte Höhe des Frühbeets und einen sicheren Stand. Wenn Sie Hohlsteine verwenden, können Sie diese zusätzlich bepflanzen. Als Variante kann man statt der Folie ein altes Fenster auf eine passende Holzkiste legen. Beachten Sie aber, dass Fenster ein hohes Eigengewicht aufweisen und teil nur von zwei Personen anzuheben sind.

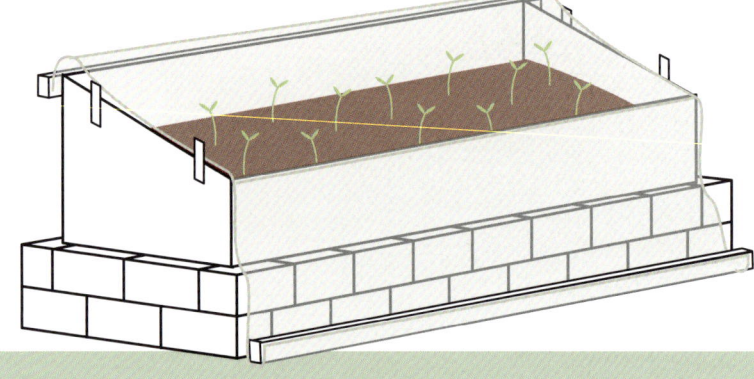

1 Fundament auf Größe des Schranks nach örtlicher Gegebenheit mindestens 10 cm tief ausheben und mit Kies füllen.

2 Drahtgeflecht gegen Wühlmäuse ausrollen.

3 Mauer aus glatten Steinen auf gewünschte Höhe aufstapeln und Draht damit beschweren.

4 Rückseite von Schrank entfernen, lose Metallteile abmachen und Farbpartikel abreiben.

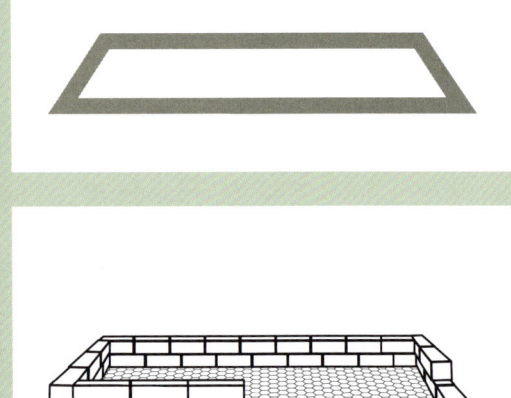

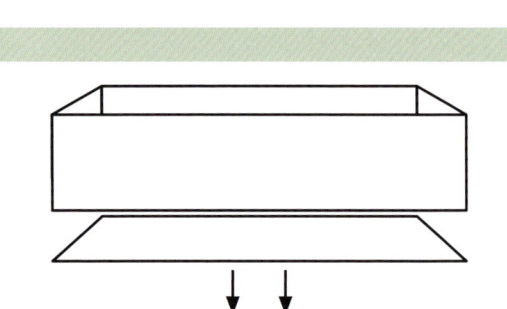

5 Gefälle anzeichnen und mit Stichsäge absägen. Kanten abschmirgeln.

6 Schrank auf das Fundament stellen.

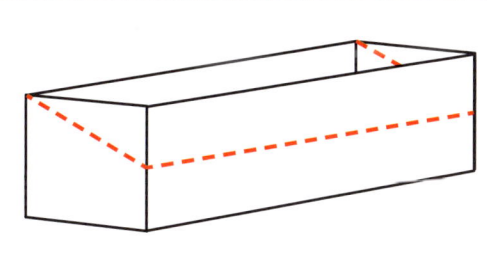
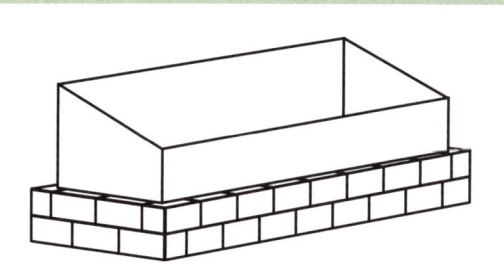

7 Folie auf Länge des Schranks zuschneiden. An erster Holzlatte fest tackern.

8 Latte an höherer Schrankwand festbohren. Die Folie zeigt nach oben.

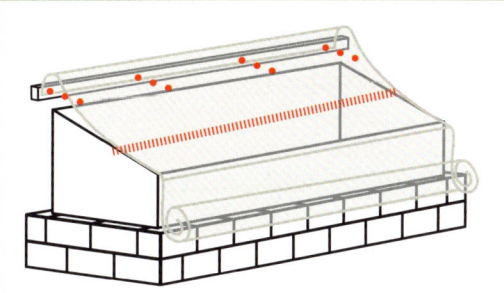
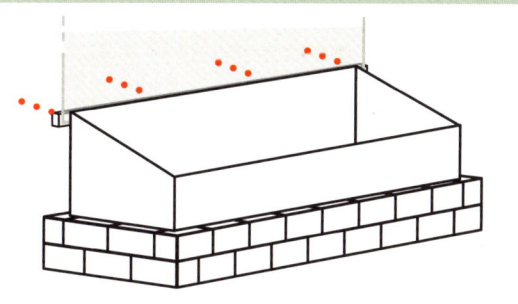

9 Folie über Schrank auslegen und zweite Längsseite an zweiter Latte befestigen. Überlänge abschneiden.

10 Metallverbinder als Belüftungshelfer an den schmalen Seiten anbringen.

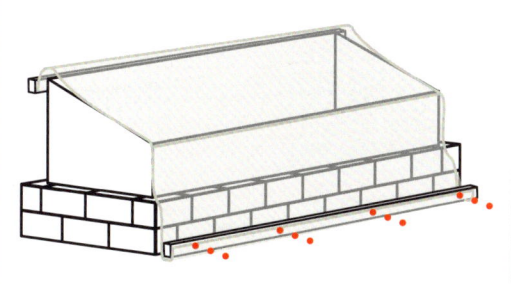
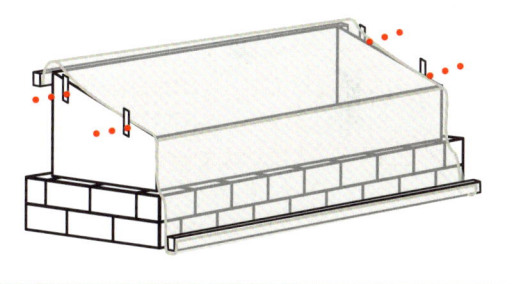

11 Beet mit Material auffüllen. Mist in Lagen festtreten.

12 Bepflanzen, wenn sich die Wärmeentwicklung nach 2–3 Tagen eingependelt hat.

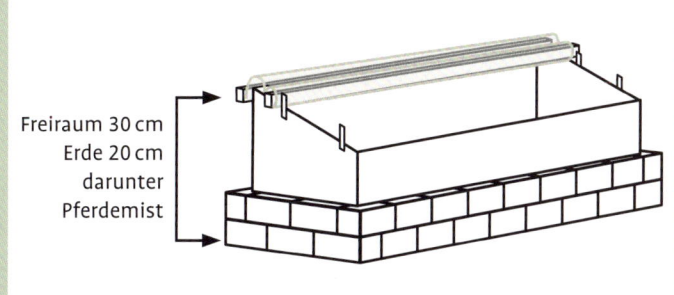

Freiraum 30 cm
Erde 20 cm
darunter
Pferdemist

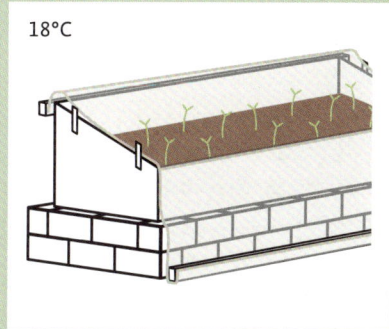

18°C

Nr. 33

45 € | 3:00 h

Zaungeflecht-Spannstäbe
1,5 m 6 Stück

Frühbeetbögen 3 Stück

Gewächshausplane

Klettverschluss 2 m

Kabelbinder 15 cm

Tunnelgewächshaus

Die einfachste Methode, ein mannshohes Gewächshaus zu bauen, besteht aus der Erweiterung eines Frühbeet-Sets aus dem Gartencenter mit Eisenstangen. Diese werden, je nach Fabrikation, in oder über Zaungeflecht-Spannstäbe gesteckt, um der Konstruktion zu Höhe zu verhelfen und sie begehbar zu machen. Die Konstruktion ist leicht auseinanderzunehmen. Sie sollte während des Gebrauchs mit Sandsäcken oder Holzlatten abgesichert werden, um den Einfluss von Wind zu minimieren und sie sturmsicher zu machen.

Beachten Sie, dass Frühbeetbögen Saisonware sind. Schauen Sie schon im Januar in Ihrem Bau- und Gartenmarkt nach geeignetem Baumaterial. Alternativ zum Frühbeetset kann man auch einen stabilen Druckschlauch vom Teichzubehör verwenden.

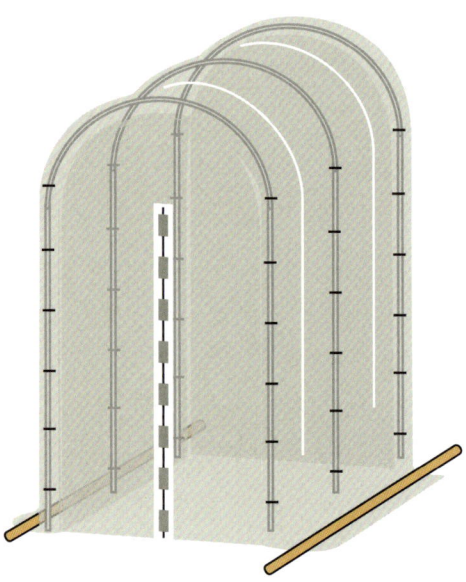

1 Spannstäbe auf gewünschter Breite in regelmäßigem Abstand in den Boden schlagen.

2 Frühbeet-Hohlrohrbögen oder Druckschlauch aufstecken.

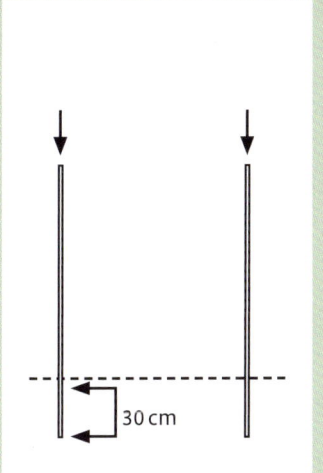

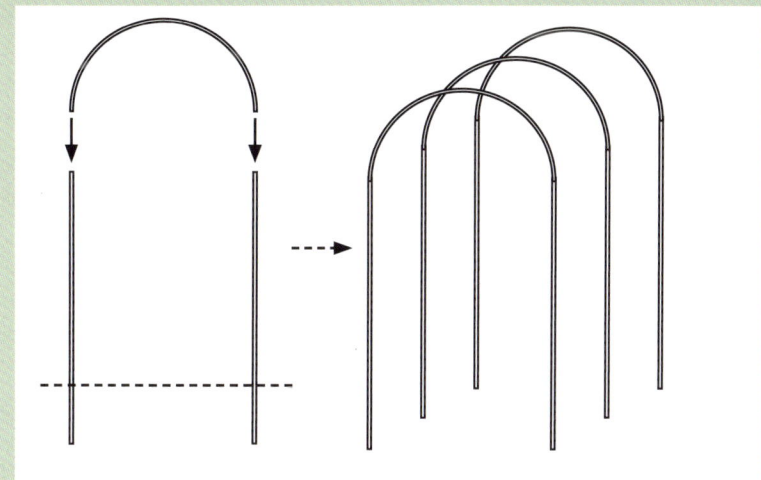

3 Gewächshausplane zurechtschneiden, vernähen, verkleben oder tackern und Klettverschluss einbauen.

4 Plane über Konstruktion werfen und mit Kabelbindern befestigen.

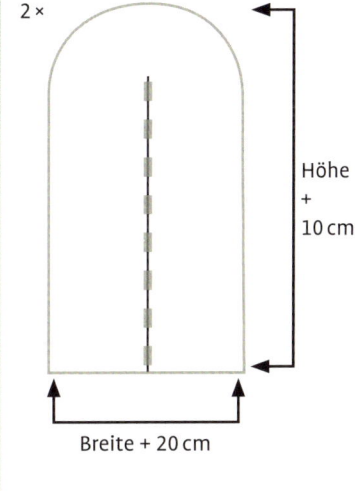

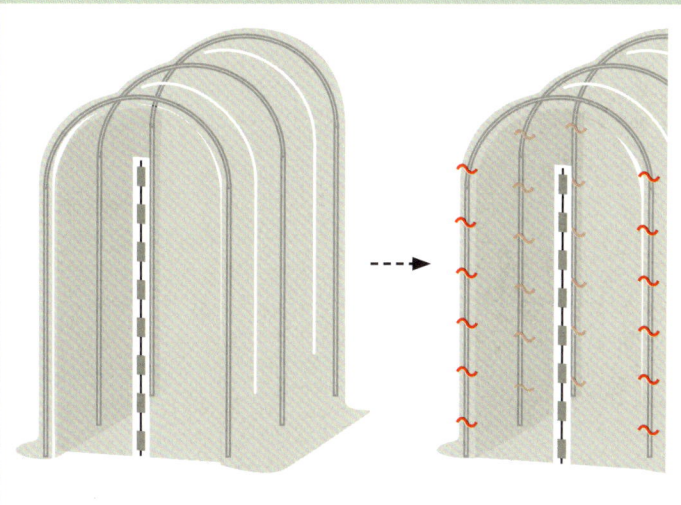

5 Plane mit Holzlatten oder Sandsäcken beschweren.

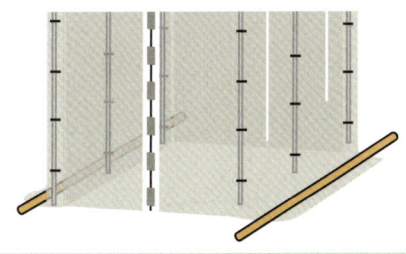

Nr. 34

20 € | 1:30 h

Plastikdosen 4 Stück
Kaffeefiltertüten
Holzplatten 2 Stück
Gewindestangen 4 Stück
Hutmuttern 8 Stück
Muttern 4 Stück
Trichter
Auffangbehälter

Gießwasserfilter

Mit einem Gießwasserfilter lassen sich Kalk und andere Stoffe aus dem Wasser filtern. Diese Konstruktion funktioniert über drei verschiedene Filterebenen: Kies, Sand und Holzkohle. Die Materialien filtern jeweils andere Stoffe aus dem Wasser. Filtern Sie Ihr Wasser am besten auf Vorrat, denn der Filtervorgang kann einige Minuten dauern.

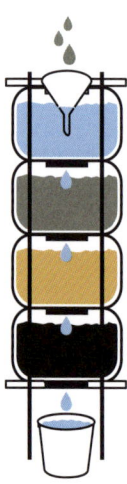

1 Deckel der Plastikdosen abschrauben und perforieren. Kaffeefilter zurechtschneiden und in Deckel legen.

2 Dosenboden ausschneiden. 1,5 cm Rand stehen lassen.

3 Deckelgröße aus Holzboden ausschneiden. Löcher für Stützen bohren.

4 Turm aus Plastikdosen aufstapeln und Gesamthöhe messen.

5 Gewindestangen auf Gesamthöhe plus 30 cm zuschneiden.

6 Muttern auf 30 cm Höhe schrauben und Hutmuttern auf die Enden schrauben.

7 Gewindestangen in Holzboden eindrehen.

8 Filtermaterial waschen und Boxen damit füllen.

9 Turm aufstapeln. Deckel jeweils nach unten.

10 Dach aufsetzen und festschrauben.

11 Trichter aufsetzen. Auffangschale unterstellen.

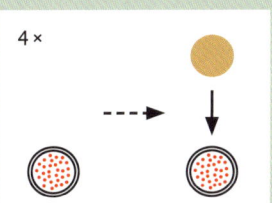
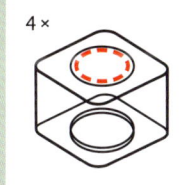
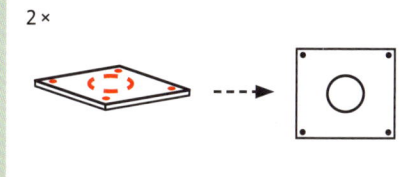

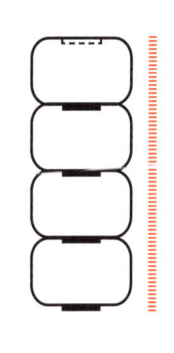
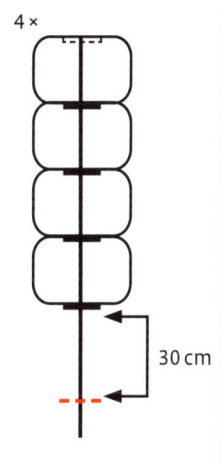

30 cm

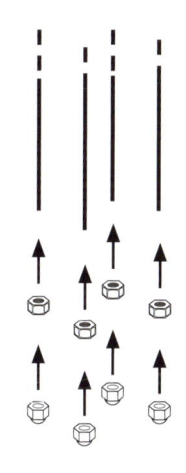
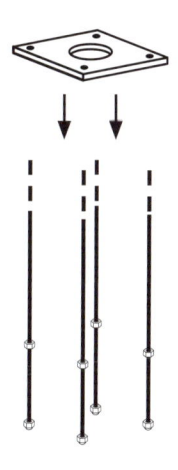

Wasser

Kies

Sand

Holzkohle

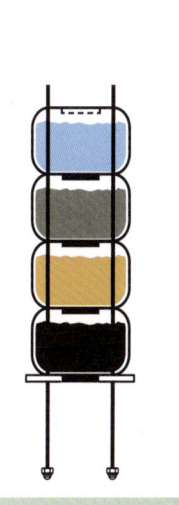
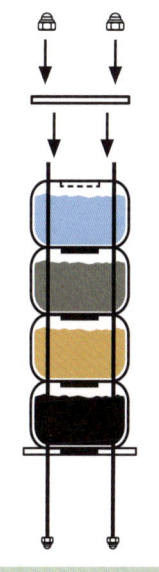
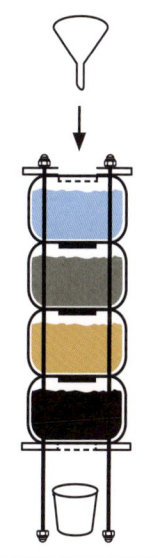

Nr. 35

10 € | 0:10 h

Weidenstäbe 3–7 Stück
Kordel

Weidenstab-Tipi

Ein Weidenstab-Tipi wird vor allem von rankenden Pflanzen wie der Bohne oder der Erbse benötigt. Pflanzen in die Höhe zu ziehen ist eine platzsparende Möglichkeit des Anbaues. Weidenstäbe eignen sich besonders gut, da sie sehr flexibel sind.

1   Drei oder mehr Stäbe kreisförmig ca. 30 cm tief in den Boden stecken.

2   Stäbe oben mit stabiler Kordel zusammenbinden.

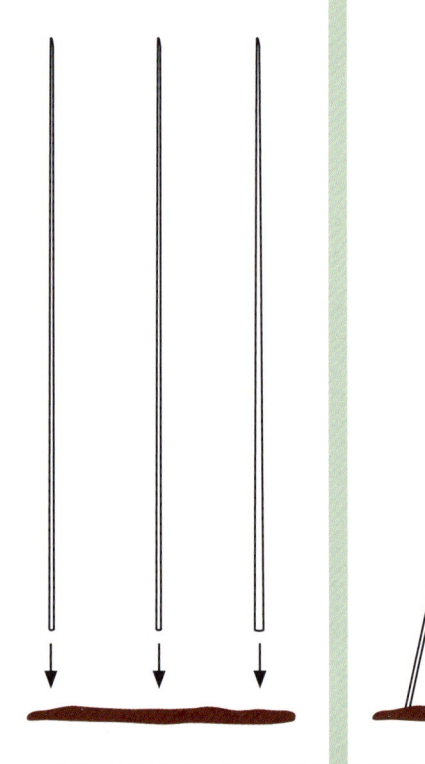

Nr. 36

5 € | 0:10 h

Weidenstäbe 2 Stück
Seil, Schlauch oder
PCV-Bogen

Weidenstab-Rankbogen

Rankbögen kann man z.B. über Wege spannen. Ihre Funktionsweise gleicht dem Tipi, sie sind aber dekorativer. In Kombination mit einem stabilen Drahtgeflecht, welches einzelne Bögen verbindet, lässt sich ein Himmel schaffen, von dem z.B. Kürbisse oder Kalebassen herabhängen können. Ein gutes Mittel gegen Druckstellen und Verformungen an den Früchten.

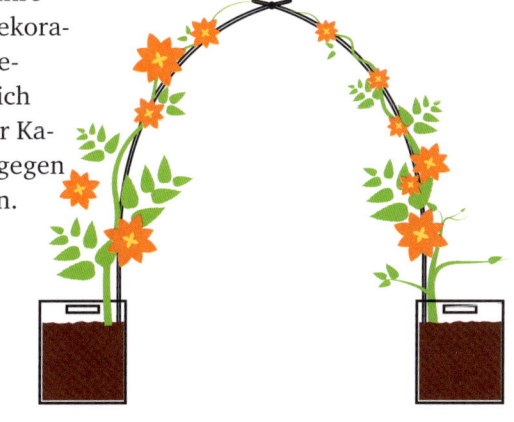

1   Mindestens jeweils einen langen Weidenstab an die Seite eines schweren Pflanzgefäßes stecken.

2   Stäbe biegen und mit Seil zusammenbinden. Alternativ einfach ein Stück Schlauch oder einen PV-Bogen über beide Enden stülpen.

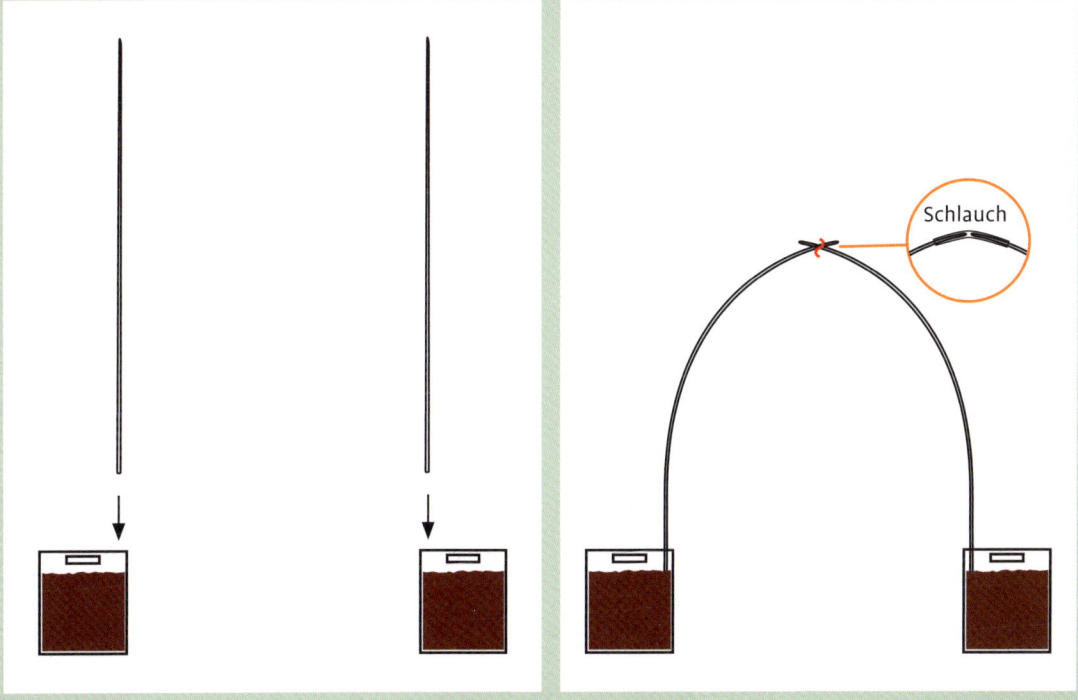

Nr. 37

20 € | 0:30 h

Metall- oder Plastikring
Hasendraht
Dickes Seil
Bindedraht
Tontopf

Rankring

Der Rankring erfüllt die gleiche Funktion wie ein Rankgitter. Rankende Pflanzen können sich auf seiner Fläche ausbreiten und zu einer dekorativen Form gezogen werden. Wählen Sie dabei die Größe der Maschen passend für den Pflanzentyp, um einen möglichst dichten Bewuchs zu ermöglichen.

1 Metall- oder Plastikring mit Drahtgeflecht bespannen. Enden mit Draht befestigen.

2 Überstehende Drahtstücke abschneiden.

3 Seil durch das Wasserabzugsloch des Tontopfes führen und unten einen dicken Knoten machen.

4 Konstruktion an das Seil knoten und aufhängen.

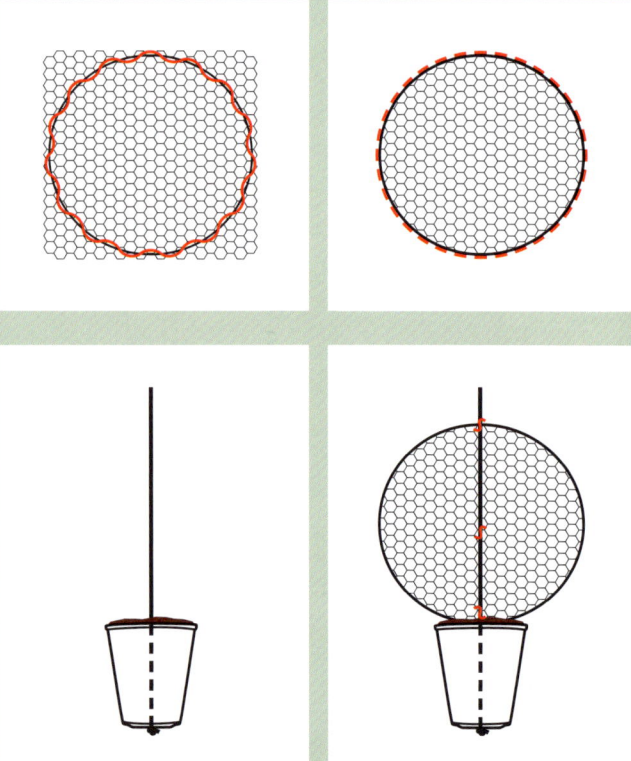

Nr. 38

30 € | 1:00 h

Blumenampel ø 29 cm
Metallring ø 37 cm
Metallring ø 27 cm
(z.B. alter Pfannenspritzschutz)
Drahtgeflecht
Draht

Horizontaler Rankring

Ein horizontaler Rankring erweitert die Wuchsfläche um einen Pflanztopf herum wie ein Dach. Hängende Pflanzen können sich darauf ausbreiten oder aber durch die Maschen nach unten hängen. Die Kombination von stehenden und hängenden Pflanzen hat hier den schönsten Effekt.

1   Zwei unterschiedlich große Metallringe auf ein Drahtgeflecht legen.

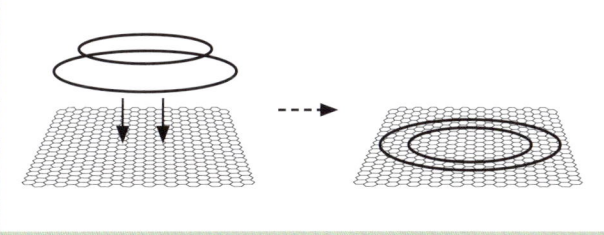

2   Ringe mit Draht befestigen. Überstehende Geflechtenden sowie Innenkreis abschneiden.

3   Rankring über die Blumenampel führen.

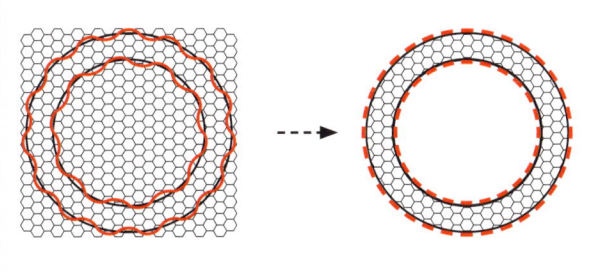

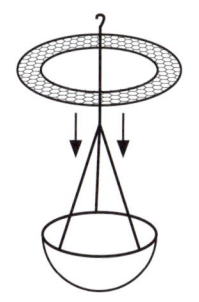

4   Äußeren Ring und Aufhängung mit Draht verbinden.

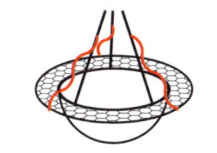

Nr. 39

45 € | 1:30 h

Stapelbare Behälter 40 l 2 Stück
Deckel 1 Stück
Kompostwürmer
Wurmerde
Ablasshahn
Zeitung
ggf. Steine

Wurmkomposter

Ein Wurmkomposter ist eine Kiste mit Würmern, in die organische Küchenabfälle zur Zersetzung gegeben werden. Die Kiste verfügt über mehrere Schichten, die eine leichte Pflege und Entnahme des Substrates ermöglichen. Wählen Sie für dieses Objekt ausschließlich opake Boxen und stellen Sie den Wurmkomposter an einen schattigen Ort. Geben Sie keine Fette oder ölhaltigen Abfälle in den Komposter und achten Sie bei jeder Substratentnahme darauf, die Würmer auszusortieren und zurückzulegen.

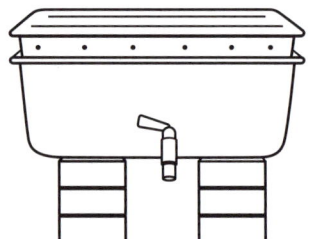

1. Den Boden der inneren Kiste mit 1 cm-Bohrer löchern und 3 mm-Luftlöcher in die Seiten nahe der Oberkante bohren.

2. Loch für Hahn in die untere Kiste bohren und Hahn einbauen.

3. Obere Kiste mit zerkleinerten Eierkartons, Zeitungspapier, Wurmerde, Würmern und Küchenabfällen füllen und feucht halten. Deckel daraufsetzen.

4. Behälter ineinander setzen.

5. Je nach Standort zwei Stapel aus Steinen aufschichten und die Kiste erhöht stellen, um den Flüssigdünger problemlos ablassen zu können.

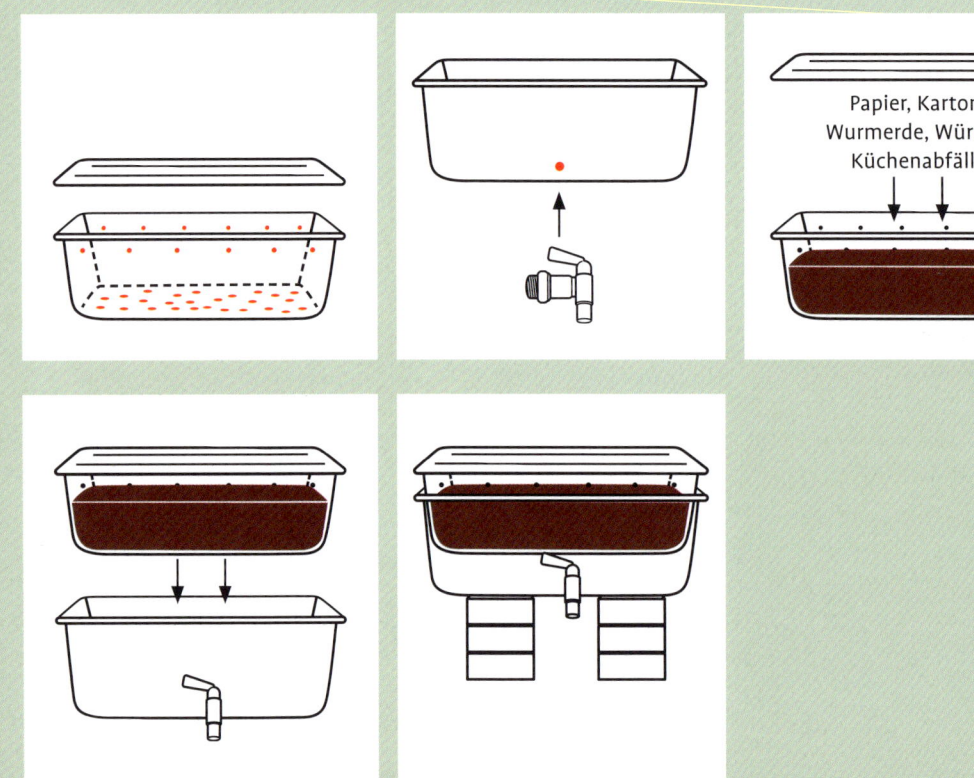

Papier, Karton, Wurmerde, Würmer Küchenabfälle

Nr. 40

7–30 € | 0:30 h

PVC-Rohr ø 110 mm min. 50 cm
Pflanztopf
Tuch oder Fliegengaze
Kompostwürmer
Heu + Mist

Wurmturm

Ein Wurmturm kommt direkt im Beet zum Einsatz. Das Rohr dient dabei als Futterstelle für die Würmer. Da die Würmer sich in einem Bereich bis zu 60 cm Tiefe im Erdboden aufhalten, sollte der untere Teil des Rohres entsprechend eingegraben werden. Ein Tuch obendrauf verhindert das Eindringen von Fliegen. Decken Sie das Rohr nicht luftdicht ab, um Fäulnis vorzubeugen. Alle paar Wochen muss das Rohr gewässert werden, um den Umsetzungsprozess zu unterstützen.

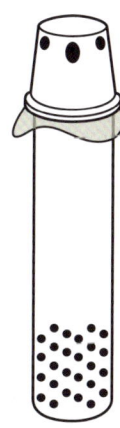

1   Untere 15 cm des Rohres mit 0,8–1,0 cm-Bohrer rundum löchern.

2   Platz für Wurmturm im Beet aussuchen. Loch dafür graben und Wurmturm min. 20 cm tief in die Erde eingraben.

3   Wurmturm mit Materialien und Würmern bestücken.

4   Obere Öffnung mit luftdurchlässigem Tuch abdecken und mit Pflanztopf sichern.

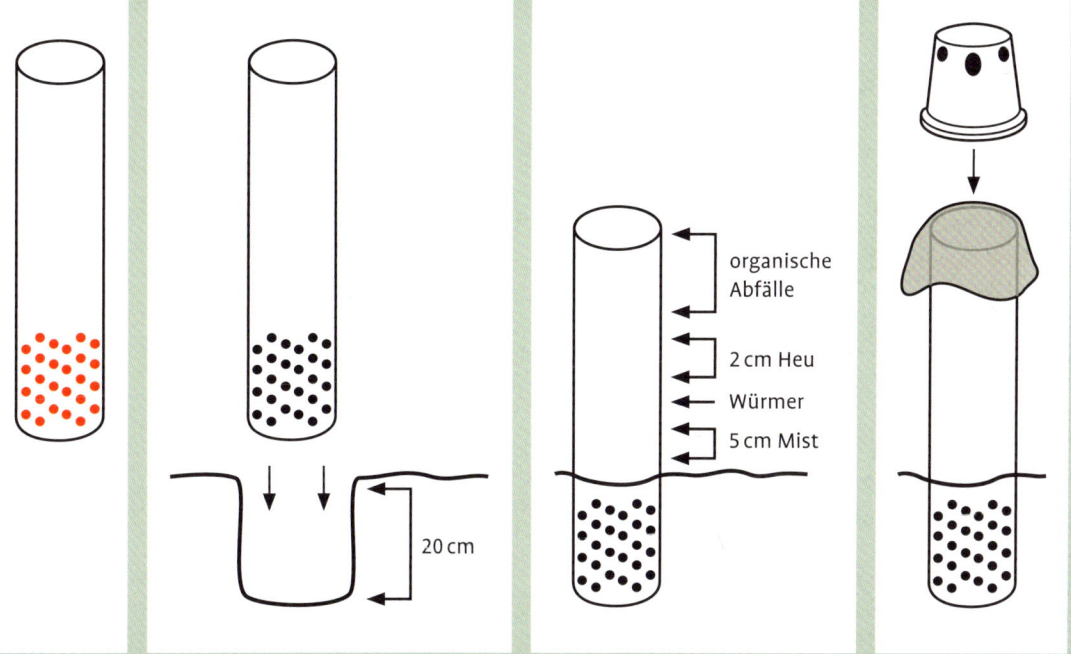

Nr. 41

130 € | 3:00 h

Maischefass 120 l

PVC-Rohr ø 50 mm 150 cm

90° Klebewinkel ø 50 mm 2 Stück

Endkappen ø 50 mm 2 Stück

Flanschplatten ø 50 mm 2 Stück

PVC-Kleber + -Reiniger

Scharniere 2 Stück

Schloss

Winkelverbinder 20 cm 4 Stück

Metallbleche 20 cm 2 Stück

Holzlatten 4 × 6 cm 3 m 3 Stück

Holzlatten 4 × 6 cm 2 m 1 Stück

Metallsplinte 2 Stück

Holzschrauben lang

Holznägel lang

Popnieten

Komposttrommel

Neben der Kompostierung in einem handelsüblichen Komposter aus Plastik oder der traditionellen Kistenkonstruktion aus Holz gibt es eine weitere Variante, die sich besonders in der DIY-Szene großer Beliebtheit erfreut: Die Komposttrommel ist ein auf die Seite gelegtes Fass, welches das Umsetzen des Kompostes überflüssig macht. Auf einer Holzkonstruktion plaziert wird der Kompost durch Drehen des Fasses umgewälzt. Dabei helfen an der Innenwand des Fasses befestigte Metallbleche. Fermentierungswasser wird durch Löcher in den Fasswänden abgeleitet. Durch eine Klappe kann Material hineingefüllt und herausgenommen werden. Die Konstruktion ist so gestaltet, dass man problemlos mit einer 65 cm hohen Schubkarre unter die Klappe fahren kann. Drehen Sie die Trommel alle paar Tage und halten Sie den Kompost durch regelmäßiges Wässern feucht.

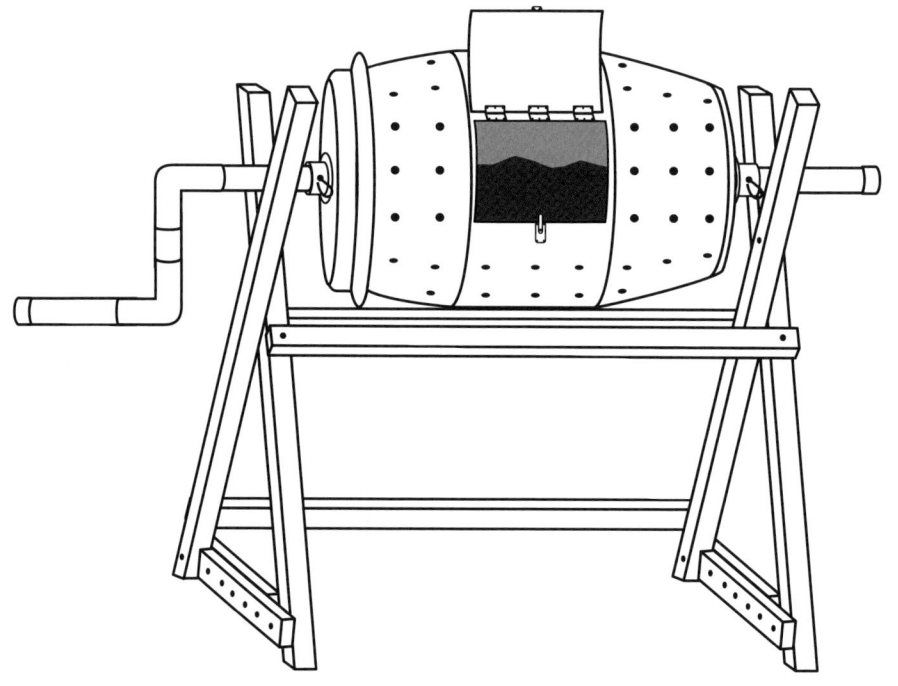

1 Holzlatten zuschneiden:
4 × 120 cm, 3 × 1 m, 4 × 60 cm

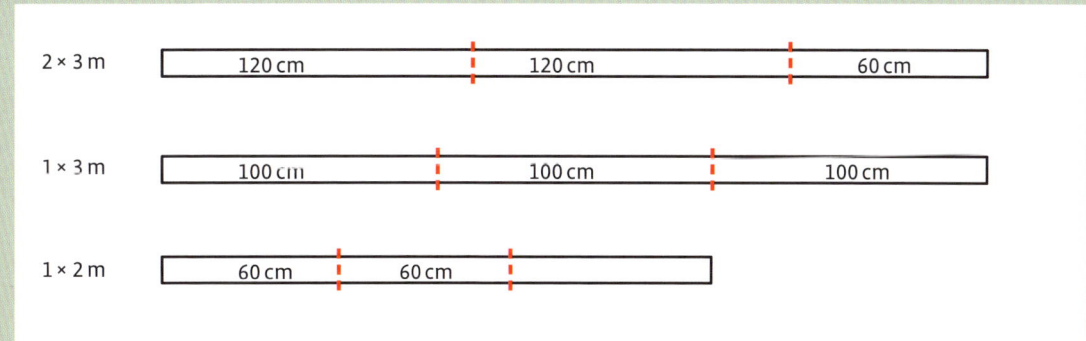

2 120 cm-Latten unten im
15°-Winkel abschrägen.

3 Je zwei 60 cm-Latten mit
10 cm Überstand zu beiden
Seiten zusammenschrauben.
Endlänge 80 cm.

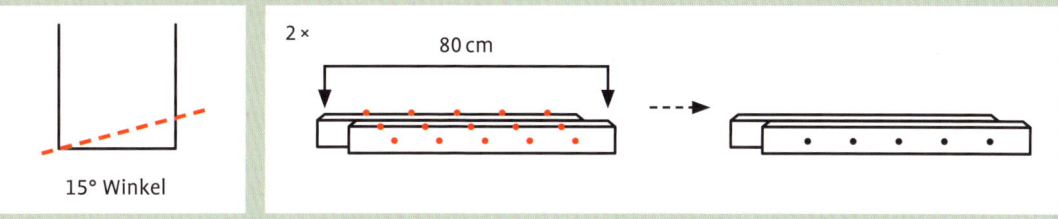

15° Winkel

4 Je zwei 120 cm-Latten mit
80 cm-Querlatte zu Dreieck
zusammensetzen. Mit einem
Nagel fixieren.

5 Bei 104 cm Länge zusammenschrauben. Danach unten Nä-
gel durch Schrauben ersetzen.
Kreuzung mit gebogenem Me-
tallblech ausstatten.

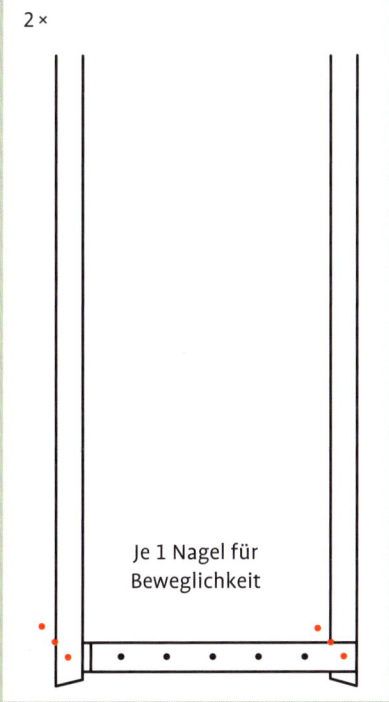

Je 1 Nagel für
Beweglichkeit

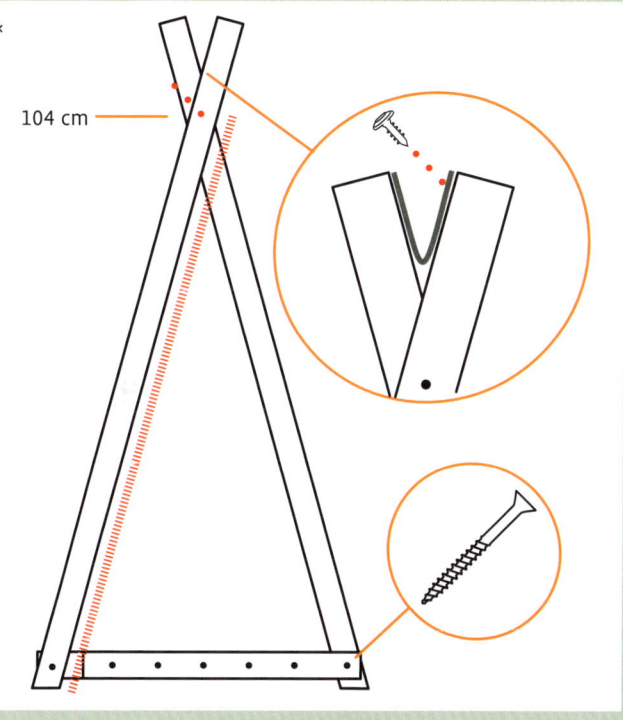

104 cm

6   Beide Dreiecke mit den 1 m-Querlatten verbinden. Obere Querlatten in 70 cm Höhe anbringen.

7   Loch für Stange mittig in Boden und Deckel des Fasses bohren.

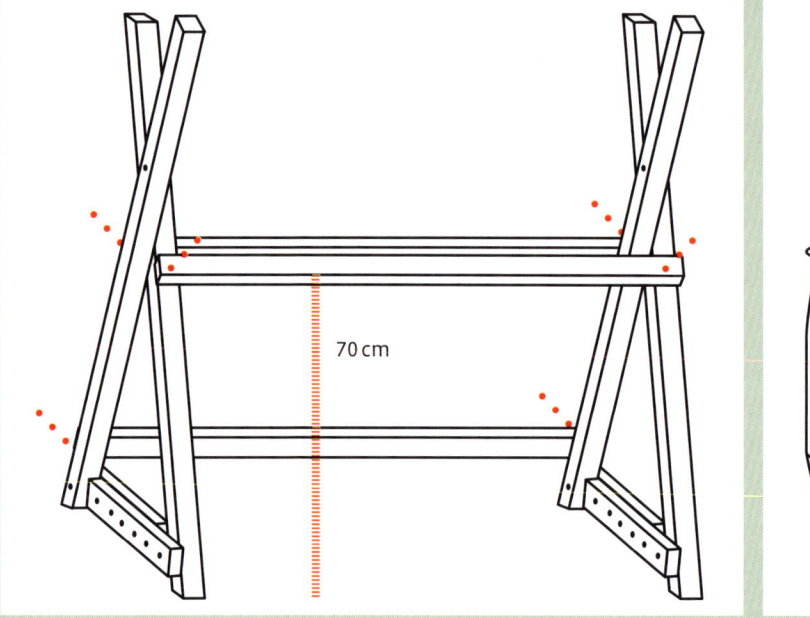

ø 5 cm

70 cm

8   Flanschplatten an Loch oben und unten anbringen.

9   Öffnung von 40 × 25 cm in Tonne sägen.

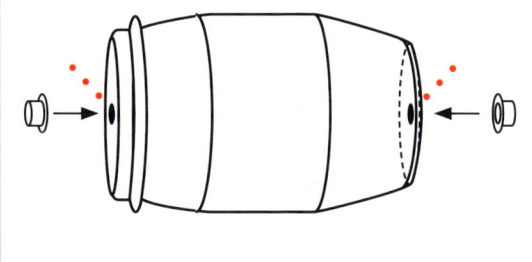

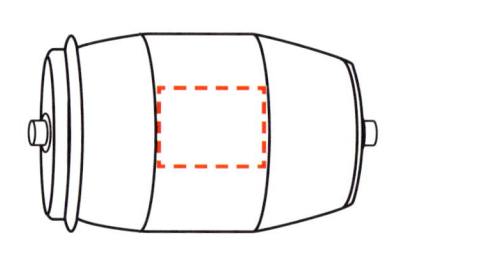

10   Tür mit Scharnieren und Schloss an Originalposition anbringen.

11   Winkelverbinder im Inneren der Tonne versetzt annieten.

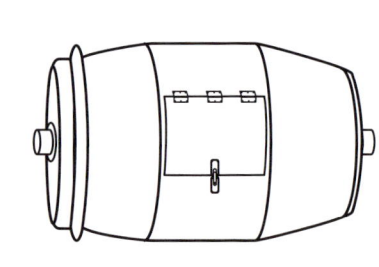

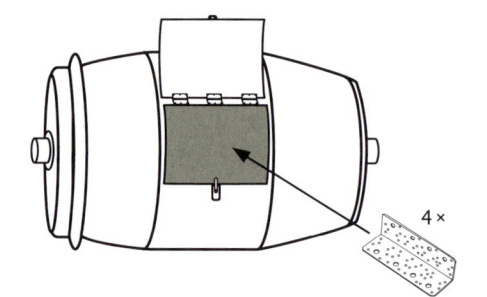

4 ×

12 0,8 cm große Luftlöcher ringsum in Tonne bohren.

13 Rohr mit Überstand zu beiden Seiten durch Flansche stecken. Rohr und Flansche durchbohren und mit Splinten fixieren.

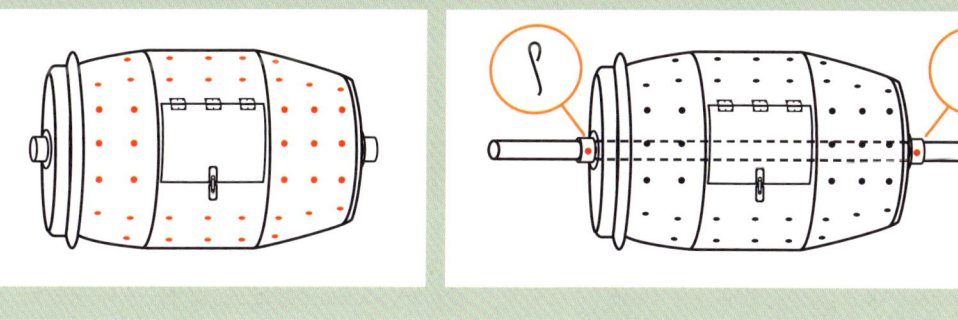

14 Zwei Rohrstücke 10 cm, 20 cm für Kurbel absägen.

15 Rohrteile reinigen, zur Kurbel zusammenstecken und kleben.

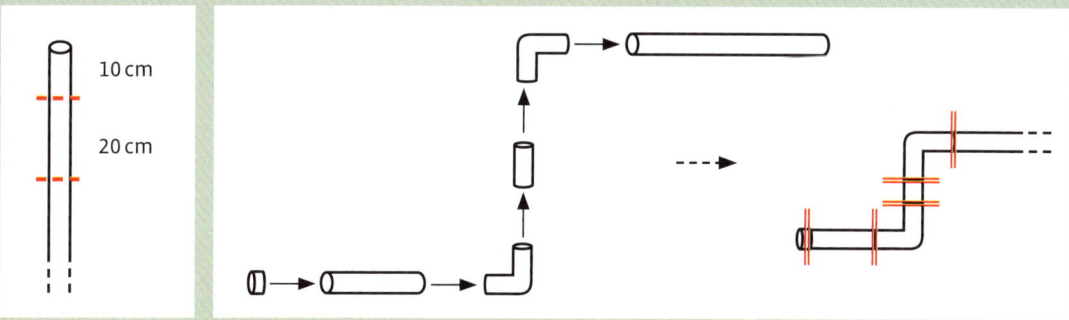

16 Tonne auf Unterkonstruktion stellen. Komposttrommel befüllen, Material anfeuchten und Klappe schließen. Regelmäßig drehen.

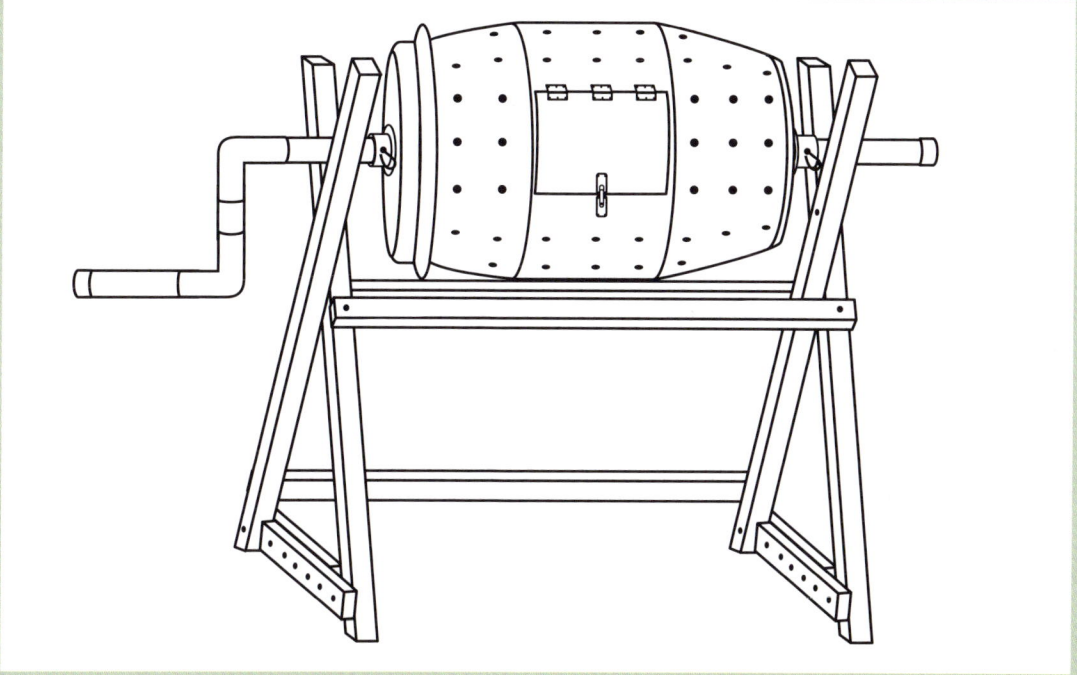

Gefäße mit integrierter Bewässerung

Das Gießen ist die wohl zeitaufwendigste Beschäftigung des Gärtners. Besonders kleine Gefäße neigen schnell zum Austrocknen. Doch auch ein Garten aus Hochbeeten oder Säcken braucht die tägliche Aufmerksamkeit des Gärtners in Form von Gießen. Dabei ist die richtige Bewässerung ein wichtiger Garant für erfolgreiches Gärtnern: Wassermangel erzeugt bei Pflanzen Stress und schwächt ihre Abwehrkräfte gegenüber Schädlingen und Viren. Übermäßiges oder unkontrolliertes Gießen jedoch erhöht die Gefahr von Schimmelbildung und spült die Nährstoffe aus dem Substrat. Zudem können Pflanzen, die lange Zeit unter Wasser stehen, keinen Sauerstoff mehr über die Wurzeln aufnehmen und diese beginnen zu faulen. Eine ausgeglichene und kontinuierliche Bewässerung bringt also die besten Ergebnisse hervor.

Das Prinzip Schwerkraft

Die Schwerkraft ist eine der vier Grundkräfte der Physik. Sie bewirkt die gegenseitige Anziehung von Massen. Auf der Erde bewirkt die Schwerkraft, dass alle Körper nach unten fallen, sofern sie nicht durch andere Kräfte daran gehindert werden. Das Prinzip der Schwerkraft ist eines der Grundprinzipien für halbautomatische Bewässerung. Ein mit Wasser gefüllter Behälter wird so platziert, dass sein Inhalt nach unten auf die zu bewässernde Oberfläche laufen kann. Dabei hindert der Behälter das Wasser daran, zu schnell abzufließen. Dies kann durch winzige Öffnungen im Behälter geschehen, die das Wasser durch den Luftwiderstand nur allmählich abtropfen lassen.

Halbautomatische und automatische Bewässerung

Automatische oder halbautomatische Bewässerungen sind gute Methoden, Zeit einzusparen und die Pflanzen gleichzeitig ausreichend mit Wasser zu versorgen.

Als halbautomatische Bewässerung bezeichnen wir Systeme, deren Reservoir von Hand aufgefüllt werden muss und die nicht durch einen Computer oder natürlichen Druck gesteuert werden. Bewässerungsleitungen per Schlauch sind dabei die bekannteste Variante. Sie leiten Wasser von einem Reservoir zu den Pflanzgefäßen, wobei winzige Löcher das Wasser an den gewünschten Stellen abtropfen lassen.

Wer ohne Strom auskommen muss, kann auf eine auf Druck und Sog basierende Bewässerung zurückgreifen. Hierbei wird ein Schlauch in einen Behälter mit Wasser gelegt und transportiert das Wasser zu unter ihm stehenden Behältern. Dabei ist der Höhenunterschied für die Fließgeschwindigkeit entscheidend. Je höher der Abstand von Reservoir zu Pflanzbehälter, desto schneller fließt das Wasser. Die Fließgeschwindigkeit kann allerdings auch durch Ventile geregelt werden. Diese Variante ist besonders für Balkone geeignet, da diese selten über einen Wasser- oder Stromanschluss verfügen.

Es gibt verschiedene automatische Bewässerungssysteme im Handel, die über einer Pumpe oder einen Bewässerungscomputer betrieben werden. Sie arbeiten zuverlässig und können zeitgesteuert werden. Sie brauchen einen dauerhaften Wasseranschluss und ihr Betrieb ist mit Stromkosten und Geräuschen verbunden.

Das Prinzip Kapillarkraft

Kapillarität oder Kapillareffekt nennt man das Verhalten von Flüssigkeiten, bei Kontakt mit Kapillaren, wie engen Röhren, Spalten oder Hohlräumen, in Feststoffe gesogen zu werden.

Die Kapillarkräfte von Substraten zu nutzen, ist das zweite Prinzip beim Erstellen eines Bewässerungssystems und gleichzeitig das erfolgsversprechendste. Es gibt den Pflanzen die Möglichkeit, sich so viel Wasser aus der Erde zu ziehen, wie sie benötigen. Das System ist dem natürlichen Erdsystem mit Grundwasserspiegel nachempfunden. Um die Kapillarkräfte zu nutzen, benötigt man einen Untersetzer oder ein Wasserreservoir im Pflanzbehälter, das einen Wasservorrat aufnimmt und der Pflanze über längere Zeit zur Verfügung stellt. Planen Sie für ein Reservoir ein Viertel bis ein Drittel des zur Verfügung stehenden Erdraumes ein, um eine ausdauernde und unkomplizierte Versorgung zu gewährleisten.

Interne Hohlraumbewässerung

Bei der internen Hohlraumbewässerung schafft man sich innerhalb eines Pflanzbehälters ein Reservoir, das über ein Rohr gefüllt werden kann. Diesen unteren Bereich trennt man durch eine Zwischendecke vom Pflanzbereich ab, um zuviel Nässe an den Pflanzenwurzeln zu vermeiden. Dazu kann z.B. eine Fruchtgummidose dienen oder aber kleine Sockel aus Plastik oder Stein und ein durchlöchertes Plastikschild, ein durchlöcherter Deckel oder ein sonstiges geraden und stabiles Material. Über einen Netztopf oder einen anderen perforierten Behälter wird eine Brücke zwischen Wasser und Substrat hergestellt. Das Substrat kann sich so nach Bedarf mit Feuchtigkeit versorgen. Wichtig dabei ist, ein Überlaufloch anzubringen, das vor Überfüllung schützt. Diese Konstruktion ist geeignet für sämtliche hohen Behältnisse. Das Reservoir sollte immer aus Plastik oder anderem wasserfesten Material sein, das nicht verrottet und stabil genug ist, das Gewicht von Erde und Pflanzen zu tragen.

Prächtig blühende Geranien im Hochsommer dank eingebautem Wasserreservoir im Balkonkasten.

Links: Diese Anzuchtbehälter aus alten Süßigkeitendosen bieten den Pflanzen ein langanhaltendes Wasserreservoire und verringern die Pflegearbeiten gewaltig.

Mitte: Große Kübel mit Untersetzer oder integrietem Wasserreservoir bringen Tomatenpflanzen problemlos über den Sommer.

Rechts:Ein Eimer mit integrierter Hohlraumbewässerung ist der perfekte Pflanztopf für diese starkzehrende junge Paprika. Darunter sitzen Tagetes, die Schädlinge fern halten.

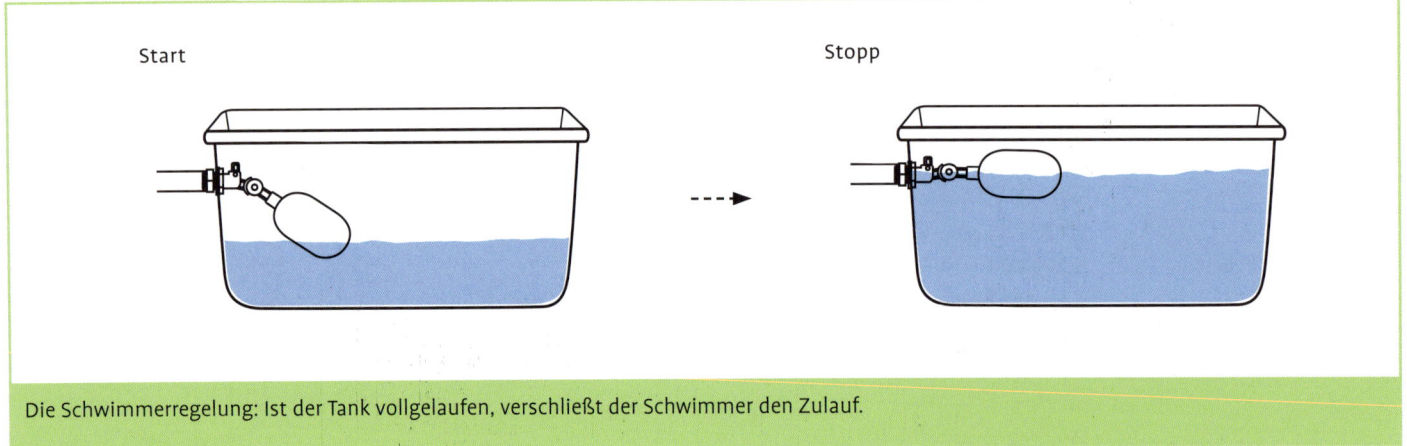

Die Schwimmerregelung: Ist der Tank vollgelaufen, verschließt der Schwimmer den Zulauf.

Externe Hohlraumbewässerung

Steht in dem gewünschten Behälter nicht genug Platz für ein Reservoir zur Verfügung, empfiehlt es sich, einen externen Hohlraum zu schaffen, in den der Pflanzbehälter gestellt werden kann. Durch Füße aus PVC-Rohrstücken oder flache Steine wird die Reservoirhöhe bestimmt und durch einen mit Substrat gefüllten Behälter eine Brücke zwischen beiden Behältern gebaut, sodass das Wasser in das Substrat gesogen wird. Günstig ist es, wenn die Behälter von derselben Art sind, z.B. zwei gleich große Eimer oder Balkonkästen.

Schwimmer

Schwimmer finden normalerweise in Toilettenspülungen Anwendung. Sie verhindern das Überfüllen eines Behälters. Ist der Behälter voll, verschließt der Schwimmer den Zulauf. Schwimmer können innerhalb eines einzelnen Wasserbehälters angebracht werden, oder in einem verzweigten System mit mehreren Wasserbehältern, die über eine Rohrkonstruktion verbunden sind. Alternativ zum Wasseranschluss kann auch eine Regentonne mit Zugang zu einem Fallrohr verwendet werden, um den Wasserzufluss zu übernehmen. Sämtliche Reservoire müssen, solange sie über einen gemeinsamen Schwimmer und eine Wasserquelle versorgt werden, auf der gleichen Höhe stehen, bzw. bis zur gleichen Höhe gefüllt werden können, da sie sonst überlaufen. Die Konstruktion von Schwimmerregelungen ist aufwendig und benötigt ein gewisses handwerkliches Verständnis und Ausprobieren.

Erdoberfläche abdecken

Bei Hohlraumbewässerungen muss die Erde nicht mehr von oben gegossen werden. Die oberen zwei Zentimeter Erde werden deshalb austrocknen. Darunter ist die Erde im Normalfall ausreichend versorgt. Um das Austrocknen der oberen Erdschicht zu vermeiden, kann eine Pflanzfolie über die Erdkrume gespannt werden, welche die Verdunstung verhindert. Auch eine Mulchschicht, z.B. aus Stroh, Holzschnitzeln oder Rindenmulch kann abhelfen.

Nr. 42

0–5 € | 0:30 h

PET-Flasche
Silikon
Kugelschreiber

Flaschenbewässerung

Bei der Bewässerung mittels Flasche rinnt nach und nach Wasser aus der Flasche in den Pflanztopf. Diese Bewässerungsmethode eignet sich zur dauerhaften Installation oder zur Versorgung während eines Urlaubs. Man sollte die Versorgungsdauer allerdings vorab testen. In einem Beet lässt sich diese Methode erweitert einsetzen: Man gräbt einen Kanister, in dessen Unterseite man 2–3 kleine Löcher gebohrt hat, neben einer Pflanze ein paar Zentimeter tief in den Boden ein. Die Bewässerung geschieht so über einen längeren Zeitraum und die Pflanze hat mehr Zeit das Wasser aufzunehmen.

1   Vorderen Kugelschreiberteil abschrauben.

2   Maß seiner Breite nehmen.

3   Entsprechendes Loch in Flaschendeckel bohren.

4   Kugelschreiber durchschieben und mit Silikon festkleben.

5   Flasche füllen und Deckel daraufdrehen.

6   Kopfüber in die Erde nahe den Pflanzenwurzeln stecken.

7   Bei zu geringem Wasserfluss kann man die Kugelschreiberöffnung vergrößern.

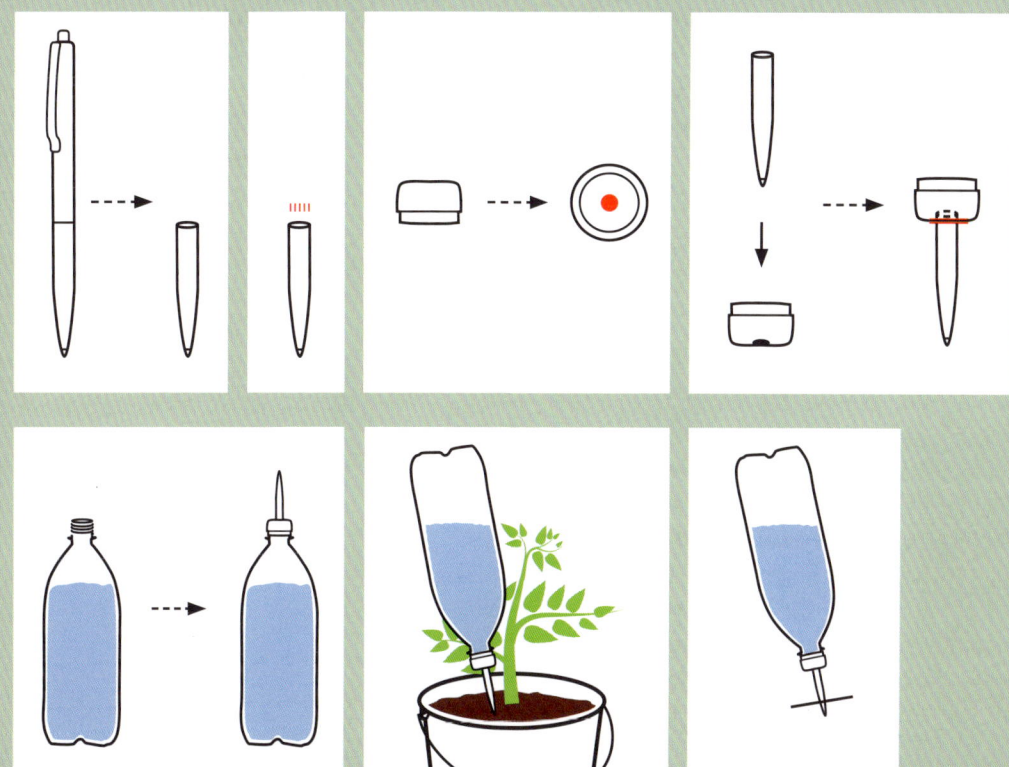

Nr. 43

5–10 € | 0:30 h

PET-Flasche
Spülmittel-Flaschenkopf
Blumenampel-Netz
aus Anleitung Nr. 11
Baumwollkordel ca. 6 m
Metallringe 2 Stück

Tröpfchenbewässerung

Bei der Tröpfchenbewässerung tropft in stetigem Tempo Wasser aus einem Behälter auf den Erdbereich nahe der Pflanzenwurzeln. Dies versorgt sie über einen gewissen Zeitraum. Bei sehr durstigen Pflanzen kann die Methode auch zusätzlich zum normalen Gießen eingesetzt werden. Besonders Samen und Setzlinge sollten vorsichtig gegossen werden, damit sie nicht weggeschwemmt werden oder ihre dünnen Triebe brechen. Achten Sie bei der Tröpfchenbewässerung darauf, dass das Wasser auf die Erde und nicht auf die Pflanze oder deren Früchte tropft.

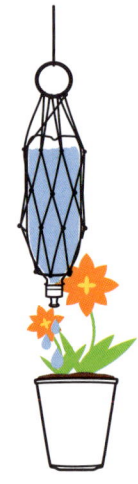

1   Spülmittel-Flaschenkopf auf PET-Flasche drehen.

2   Blumenampel-Netz aus Anleitung Nr. 11 (Seite 49) basteln, Flasche hineinlegen.

3   Zweiten Metallring über den Flaschenkopf stülpen und die Kordelstränge daran festknoten. Überstehende Enden abschneiden.

4   Befüllen und über Topf aufhängen. Tropfen nicht auf Blätter ausrichten.

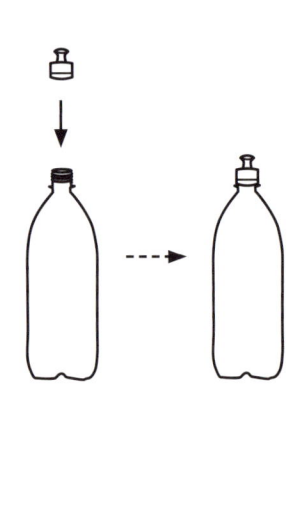
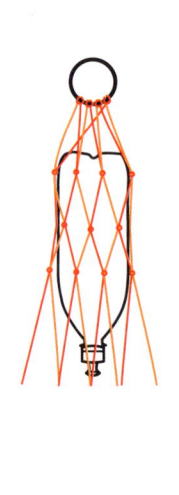
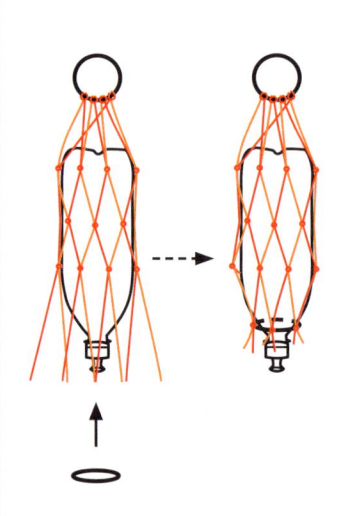

Nr. 44

ab 5 € | 0:30 h

PFT-Flaschen
Kabelbinder lang

Flaschenturm

Mit Flaschentürmen lassen sich Metallzäune leicht als vertikale Pflanzfläche nutzen. Sie sind platzsparend, preiswert und einfach herzustellen. Flaschentürme machen sich einen Wasserkreislauf zunutze, bei dem Gießwasser von oben durch sämtliche Gefäße tropft und so alle Behälter auf einmal versorgt. Auch spült es Nährstoffe von oben nach unten.

Das Wasser kann unter dem Turm aufgefangen und wiederverwendet werden. Beachten Sie bei der Pflanzenwahl, dass Flaschen, die weiter unten stehen, weniger Wasser abbekommen. Bei gutem Pflanzenwuchs verschwindet die Konstruktion hinter den Pflanzen.

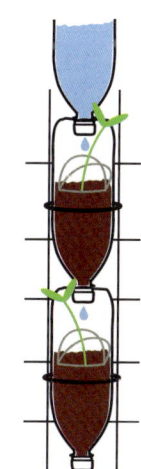

1   Flasche einschneiden und ein Loch für Flaschenhals in Boden bohren.

2   Deckel mit Bohrer perforieren.

3   Flaschenkopf in den Flaschenboden stecken.

4   Deckel von innen fest daraufdrehen.

5   Flaschen mit Kabelbindern an Zaun befestigen.

6   Substrat einfüllen und mit Setzling bepflanzen.

7   Oberste Flasche als Tropfbewässerung installieren.

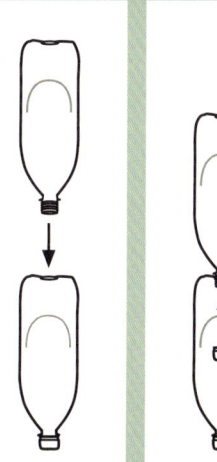
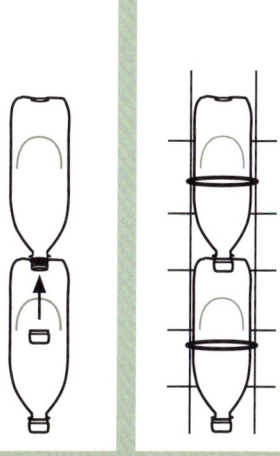
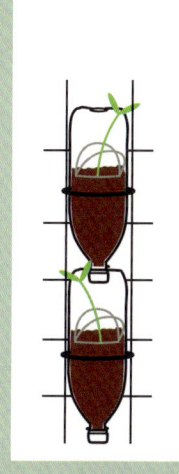
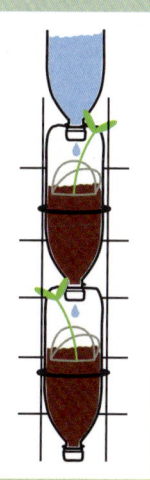

Nr. 45

40 € | 0:30 h

Eimer mit Deckel 2 Stück
Zapfhahn mit Schraubstück
PVC-Rohr ø 25 mm
Schraubtüllen mit AG 3 Stück
Überwurfmuttern mit IG 2 Stück
Schlauchmehrfachanschluss
Schlauch ø 25 mm 15 cm 2 Stück
Schlauch ø 4 mm
Tropfer und Endstopfen

Halbautomatische Balkonbewässerung

Zwei Eimer werden miteinander verbunden. Ein Schlauch transportiert das Wasser zu den Pflanzbehältern. Aufgrund der Schwerkraft gleicht sich der Wasserstand zwischen den beiden Eimern immer aus. Sie können den Bewässerungsschlauch entweder als Tropfbewässerung über dem Substrat verlegen oder einen Anschluss zum Reservoir Ihres Pflanzbehälters schaffen. Kombinationsmöglichkeiten bestehen mit der internen und externen Hohlraumbewässerung und der Schwimmerbewässerungsregelung. Die Versorgungsdauer beträgt mehrere Tage. Verwenden Sie opake Eimer, um Algenbildung vorzubeugen.

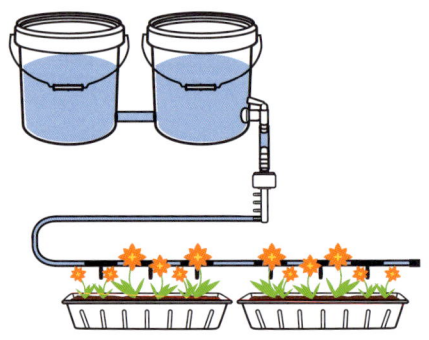

1   Löcher für Bewässerungsschlauch bohren.

2   Zapfhahn und Schraubtüllen mit Überwurfmuttern anbringen und Eimer mit Schlauchstück verbinden. Gegebenenfalls mit Silikon oder Dichtungsband abdichten.

3   Auf Zapfhahn Schlauchstück schieben. Dann mit Schraubtülle Schlauchverteiler und Schlauchstück verbinden.

4   Behälter ca. 80 cm erhöht stellen und Leitung über Balkonkästen legen. An gewünschten Stellen jeweils Tropfer einfügen. Schlauchende mit Endstopfen verschließen.

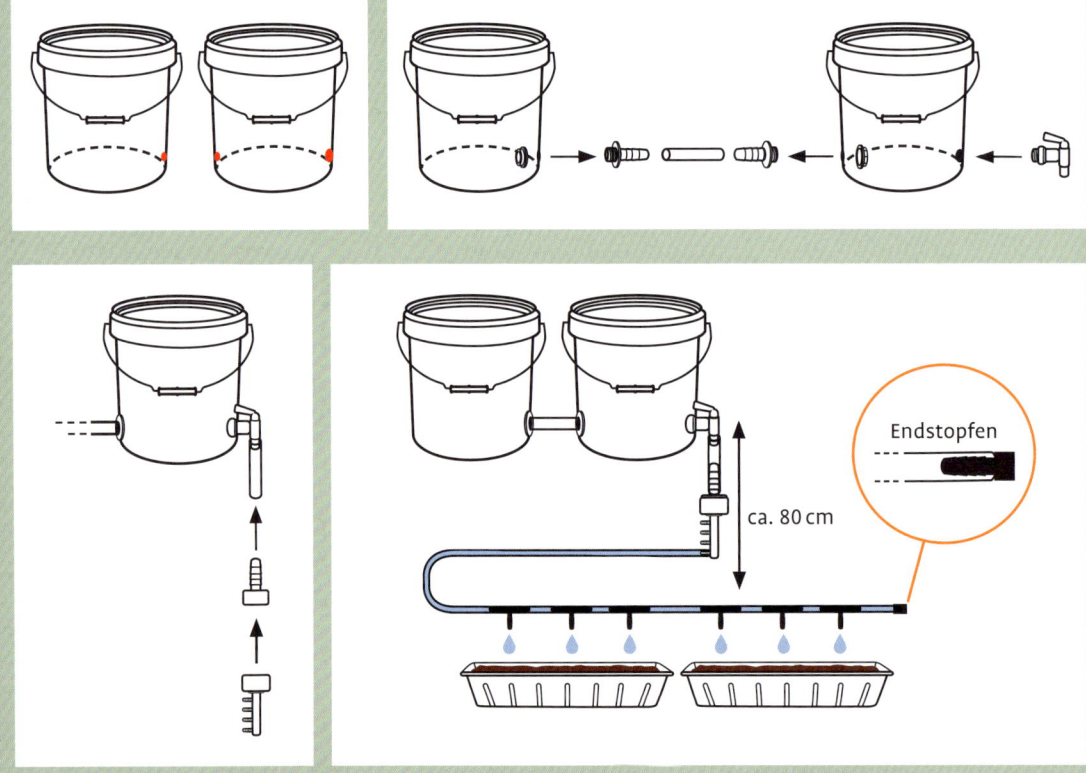

Nr. 46

ab 1 € | 0:05 h

PET-Flasche
Watte oder Wolle

Minipflanzer

Ein Minipflanzer bildet eine Einheit aus Pflanztopf und Wasserreservoir. Statt der hier dargestellten 1-Liter-Flaschen kann man z.B. auch große Flaschen von Wasserspendern verwenden. Das Objekt eignet sich hauptsächlich zur Anzucht von Setzlingen oder zum Anbau von Schwachzehrern wie Salaten und Kräutern, da diese wenig Nährstoffe und somit wenig Erdraum benötigen.
Die andere Variante kann man aus einer Cloetta-Dose vom Kiosk und einem 13 cm-Netztopf bauen. Der Netztopf steht hierbei einen halben Zentimeter im Wasser, wodurch sich die Erde vollsaugen kann.

1   Flasche durchschneiden.

2   Flaschenöffnung mit Watte ausstopfen.

3   Flascheoberteil in Flaschenboden stecken.

4   Wasser und Substrat einfüllen und mit Setzling bepflanzen.

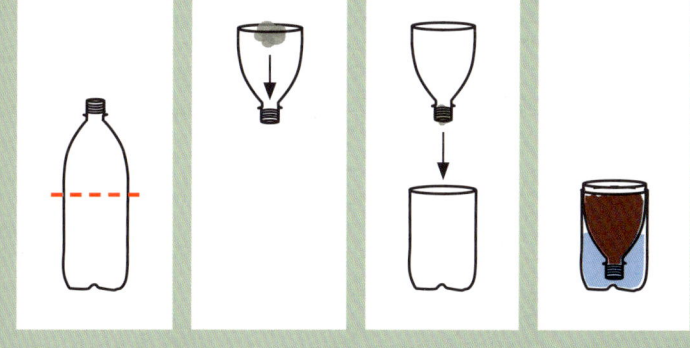

1   Deckel der Dose abschrauben.

2   13 cm-Netztopf hineinstecken.

3   Dose mit Wasser füllen, bis der Netztopf knapp im Wasser steht. Netztopf bepflanzen und Erde wässern.

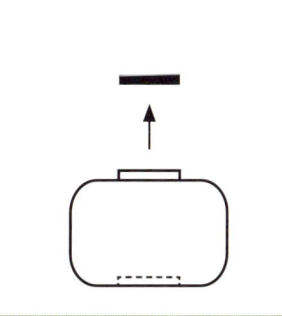
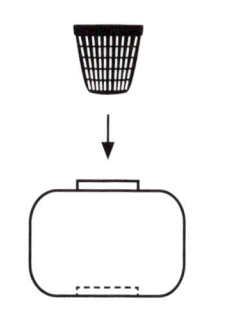

Nr. 47

15 € | 0:30 h

Eimer mit Deckel
Netztopf ø 13 cm
Schlauch ø 25 mm 20 cm
90°-Winkel ø 25 mm
Dichtungsring ø 25 mm
Pflanzfolie

Erdeimer

Dieser Pflanzeimer entspricht in der Konstruktion einer internen Hohlraumbewässerung: in diesem Fall mit einem externen Bewässerungsrohr und einer Folienbespannung. Sie schützt vor schneller Verdunstung. Die Konstruktion ist sehr materialsparend und einfach in der Umsetzung.

Erdeimer lassen sich zusätzlich über ein Rohrsystem mit Schwimmer miteinander verbinden. Dies reduziert den Gießaufwand nochmals erheblich. Die Eimer eignen sich gut für alle wärmeliebenden Gemüse. Da sich ihre dünnen Wände im Sommer oder bei voller Sonne aufheizen können, sind sie keine Alternative für Kartoffeln oder Kohlarten.

1 Deckelfläche ausschneiden. Rand unbeschadet lassen.

2 Schnittbereich anzeichnen und ausschneiden.

3 Netztopf mit PVC-Kleber von unten festkleben und trocknen lassen.

4 Zwischenboden in den Eimer stellen.

5 Loch für Schlauch am unteren Rand bohren. Überlaufloch knapp unterhalb des Zwischenbodens bohren.

6 Dichtungsring, 90°-Winkel und Schlauch mit Schlauchanschlussloch verbinden.

7 Substrat in Netztopf füllen und fest andrücken.

8 Restlichen Eimer mit Substrat füllen und zu Hügel anhäufen.

9 Pflanzfolie darüberlegen.

10 Folie mit Deckelrand fixieren.

11 Wasser einfüllen. Folie kreuzweise einschneiden und bepflanzen.

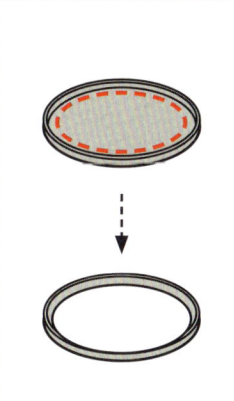
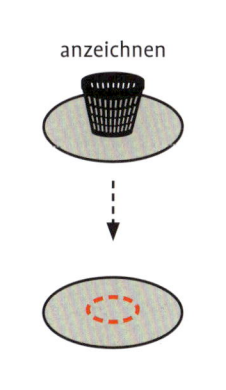

anzeichnen

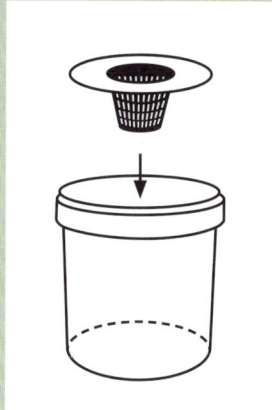

Überlaufloch

Schlauchanschluss

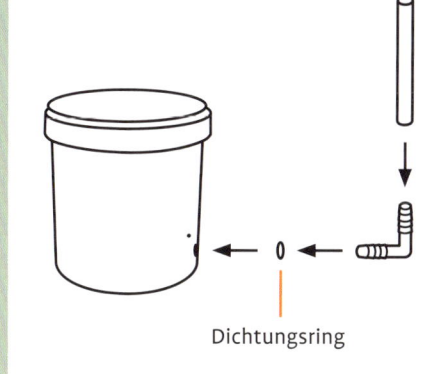

Dichtungsring

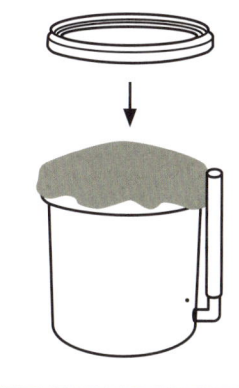

Nr. 48

20 € | 0:30 h

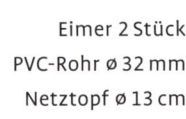

Eimer 2 Stück
PVC-Rohr ⌀ 32 mm
Netztopf ⌀ 13 cm
Silikon

Erdeimer mit externer Hohlraum-Bewässerung

Dieser Erdeimer besitzt eine externe Hohlraumbewässerung, die durch einen zweiten Eimer geschaffen wurde. Der Vorteil gegenüber der internen Hohlraumbewässerung besteht in der flexiblen Größe des Reservoirs, die eine längere Versorgungsdauer ohne Gießen gewährleistet.

1   PVC-Rohr an einer Seite anschrägen.

2   Pflanzeimer mit Rohr- und Topfzugang versehen.

3   Netztopf reinigen und von Unten ankleben.

4   Überlaufloch knapp unter Oberkante des Netztopfes in Reservoir-Container bohren.

5   Pflanzeimer und Füllrohr in Reservoir-Eimer stellen. PVC-Rohr ggf. auf handliche Größe kürzen.

6   Substrat in Netztopf füllen und fest andrücken.

7   Erde aufschütten, Wasser einfüllen und bepflanzen.

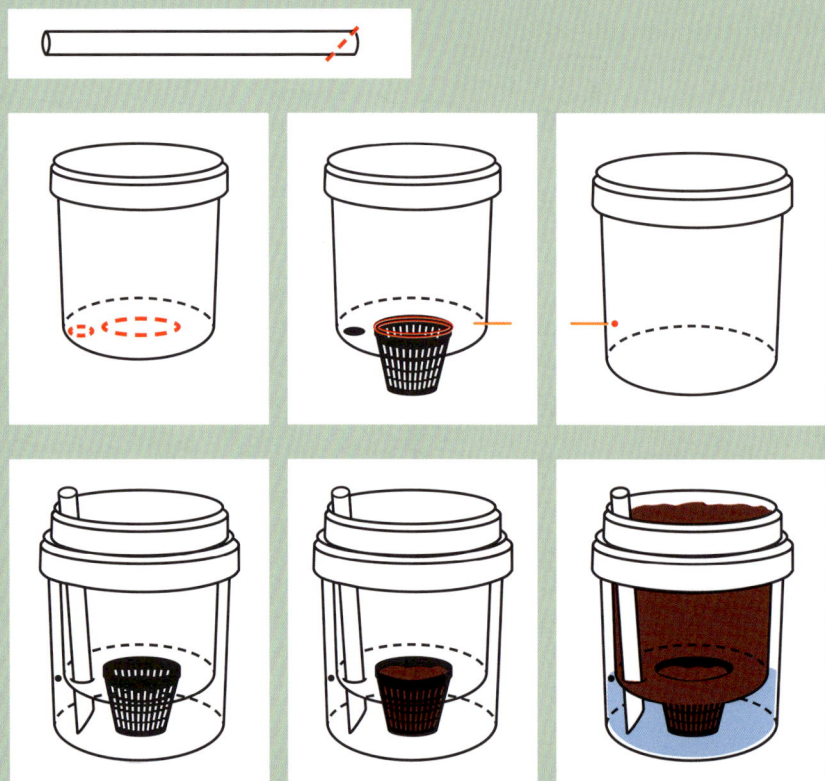

Nr. 49
25 € | 0:30 h

Box 150 l
PVC- Rohr ø 32 mm 1 m

Erdbox

Ebenso wie der Erdeimer ist die Erdbox, im Englischen als „Earthbox" verbreitet, mit einer integrierten Hohlraumbewässerung ausgestattet. Der Plastikdeckel der Box wurde dabei zur Zwischenebene umfunktioniert, welche auf Stücken von PVC-Rohr aufliegt, die das Gewicht des Substrats tragen.

1   Deckelumfang verkleinern. 32 mm-Loch für Wasserzufluss bohren. Restlichen Deckel mit 1 cm-Bohrer durchlöchern.

2   PVC-Rohr in sechs gleiche Stücke sägen. Rest anschrägen.

3   Rohrstücke in Erdbox stellen und Deckel darüberlegen.

4   Rohrstück in Wasserzuflussloch stecken. Erde und Wasser einfüllen und bepflanzen.

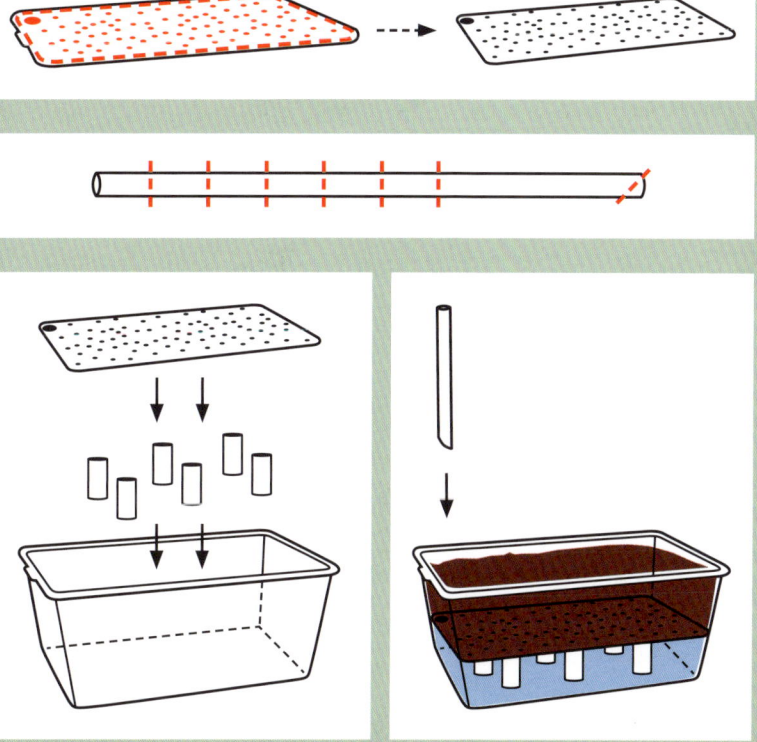

Nr. 50

40 € | 0:30 h

Maischefass

90°-Winkel mit IG ø 5 cm

Gewindenippel mit AG ø 5 cm

altes Handtuch

Hasendraht

Bindedraht

Erdtonne

Diese Konstruktion ermöglicht eine wochenlange Bewässerung. Aus einer Tonne werden Reservoir und Pflanzschale gebaut. Der größere untere Teil wird mit Wasser gefüllt, das durch die Erde nach oben gesogen wird. Mit integriert wird eine Rankhilfe, welche die Pflanze unterstützt. Diese Konstruktion eignet sich vor allem für Tomaten, Auberginen und andere Pflanzen, die viel Wasser benötigen. Sie ist für asphaltierte und versiegelte Flächen geeignet.

1 Oberen Teil des Maischefasses abschneiden (20 cm - 30 cm).

2 Loch für Gießwasserzufluss bohren. Gewindenippel einsetzen und Winkel drauf drehen.

3 Zwei große Löcher in Pflanzschale bohren. Restlichen Boden perforieren und sechs Löcher am oberen Schalenrand bohren.

4 Handtuch durch die Löcher stecken und Knoten in die Enden machen.

5 Pflanzschale auf Fass stellen.

6 Drahtgeflecht zu einer Rolle drehen und Enden mit Draht fixieren. Rankhilfe mit Draht an den Löchern im oberen Schalenrand befestigen.

7 Erde in Pflanzschale einfüllen und untere die Schicht fest andrücken.

8 Konstruktion an gewünschtem Ort platzieren und bepflanzen.

9 Tonne bis oben mit Wasser auffüllen. Erde gut angießen.

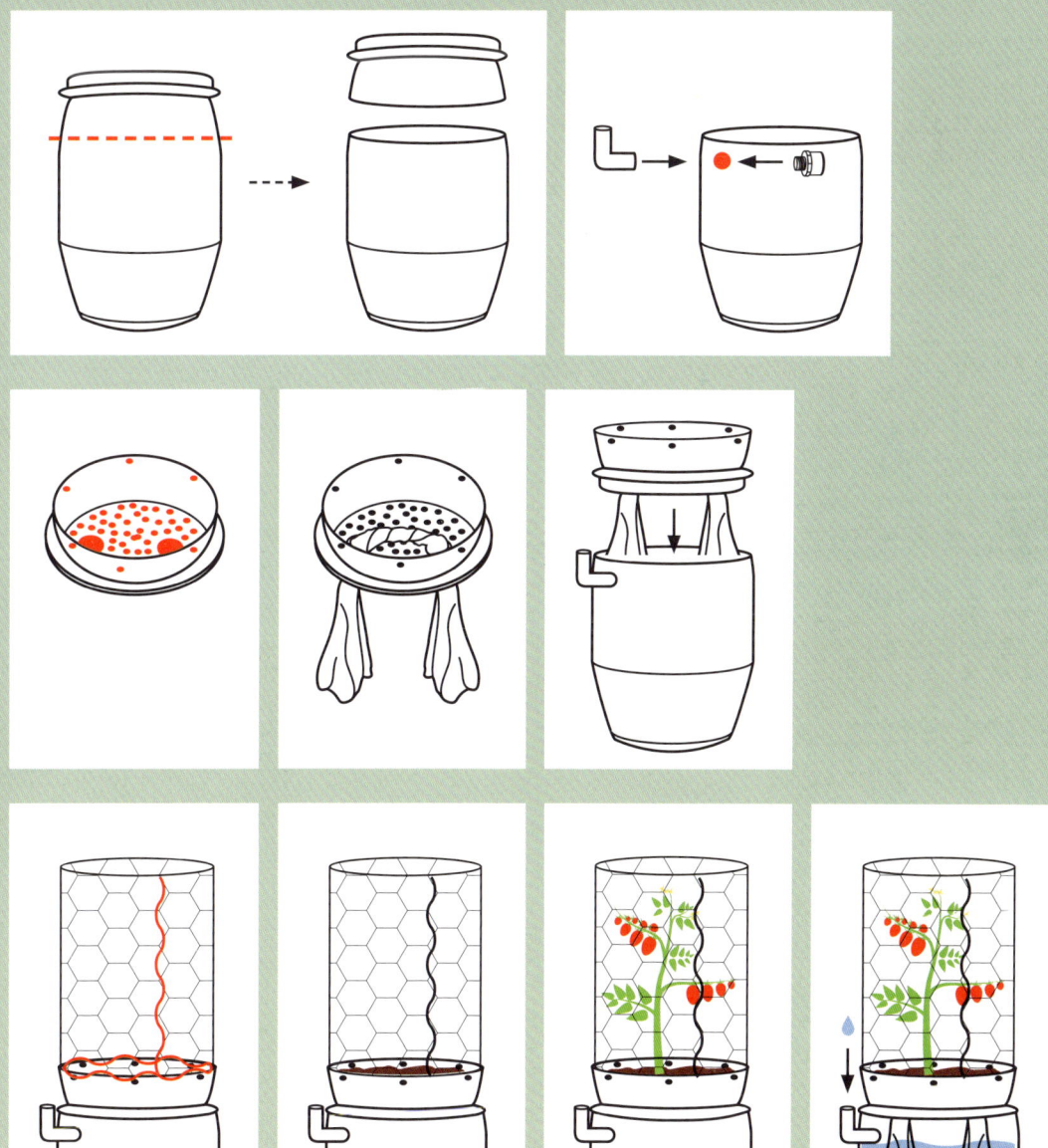

Nr. 51

110 € | 0:30 h

Container 150 l 2 Stück

Kontrollbox 20 l

Schwimmerventil

Schlauch ø 25 mm

PVC-Rohr ø 32 mm

Muffennippel mit AG ø 32 mm 4 Stück

Gewindemuffe mit IG ø 32 mm 4 Stück

Schraubtülle mit IG ø 32 mm

Bewässerungsschlauch ø 32 mm

Wasseranschluss (z.B. Regenwasser)

PVC-Kleber + -Reiniger

Schwimmerregelung

Ein Schwimmer kann innerhalb eines einzelnen Pflanzbehälters angebracht werden. Sie können ihn aber auch in einer Kontrollbox als Regelung für eine verzweigte Rohrkonstruktion nutzen. Zur Verbindung mehrerer Pflanzbehälter können Sie sowohl Rohre als auch Schläuche einsetzen.

Geeignet ist der Einsatz von Schwimmern hauptsächlich für große Behältnisse und wenn ein Wasserhahn oder eine Regentonne zur Verfügung steht, die immer frisches Wasser bereitstellt.

1 Schwimmerzugang auf Höhe der Oberkante in Kontrollbox bohren. Alle Boxen im unteren Bereich Loch für Schlauchleitung ausstatten.

2 Schwimmer und Schraubtülle aufeinander drehen.

3 PVC-Rohr nach eigenem Maß zurechtschneiden.

4 Muffennippel mit Gewindemuffe in die Kontrollbox einbauen. Das Rohr reinigen und verkleben.

5 Pflanzbehälter (hier Erdboxen) miteinander verbinden. Schritte 3 bis 5 für jede Box wiederholen.

6 Das Überlaufloch muss in allen Behältern auf gleicher Höhe mit dem Wasserendstand in der Kontrollbox liegen, um ein Überfüllen zu verhindern.

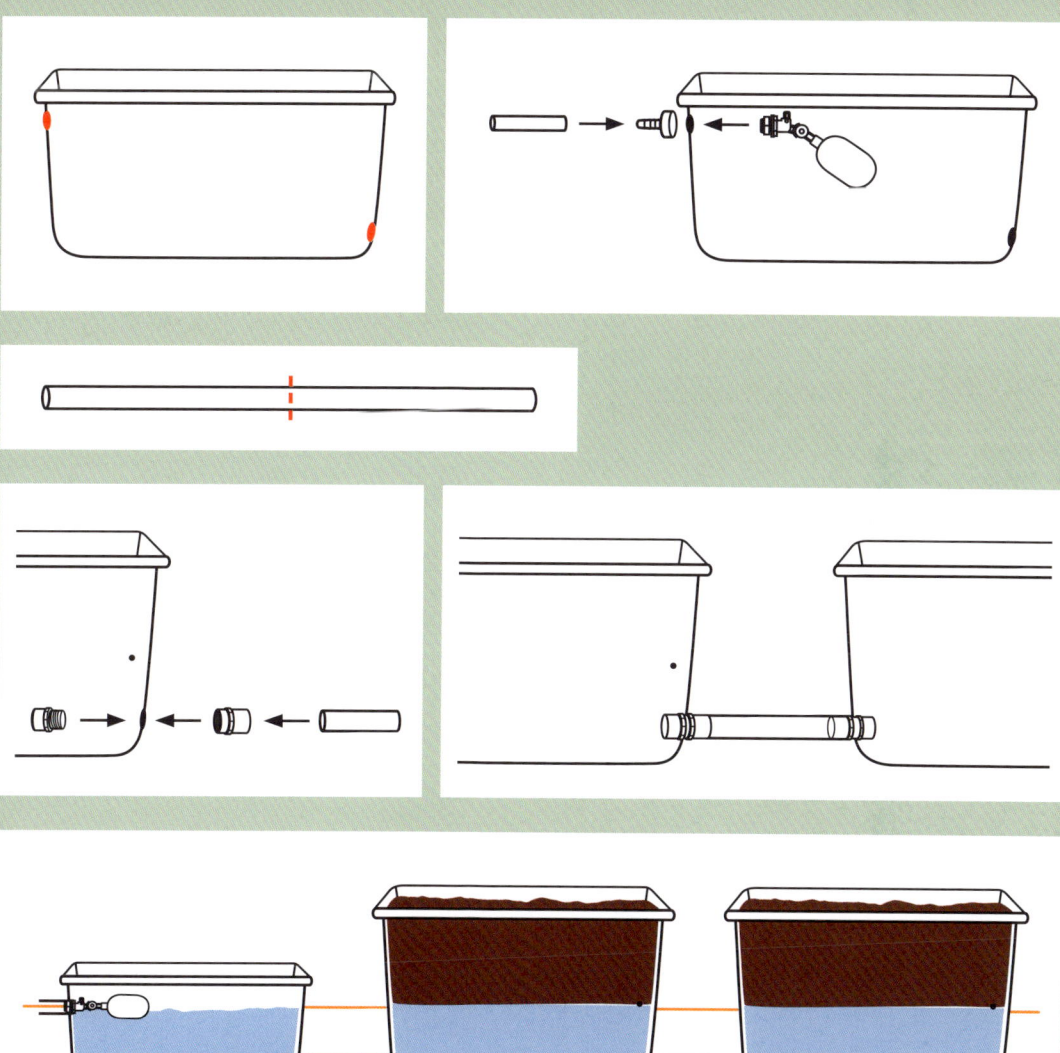

Nr. 52

100–120 € | 0:30 h

Rahmenholz 6 × 4 cm 2 m 3 Stück
Regenrinne ø 15 cm 2 m
Endkappen ø 15 cm 2 Stück
Dichtungsschrauben Päckchen
Maischefass 120 l
Netztöpfe 6 Stück
Schraubtülle mit IG ø 25 mm
Schwimmer ø 25 mm
Schlauch ø 25 mm
PVC-Kleber + -Reiniger

Bewässerungsrinne

Bei der Bewässerungsrinne handelt es sich um eine Regenrinne, die mehrere Gefäße gleichzeitig und über einen längeren Zeitraum mit Wasser versorgen kann. Die präparierten Pflanzbehälter sind wie bei der externen Hohlraumbewässerung gebaut und stehen mit den Netztöpfen in der Rinne.

Diese Konstruktion benötigt viel Platz, einen Wasseranschluss und ist nicht mobil. Dafür verringert sie den Gießaufwand erheblich. Kombiniert mit der externen Hohlraumbewässerung entsteht hier eine der effektivsten und materialsparendsten Formen der Bewässerung. Die verwendeten Behälter lassen sich beliebig kombinieren: vom kleinen Eimer über die Pflanztasche bis zur großen Regentonne. Bewässerungsrinnen können über einen Schlauch in Reihe geschaltet werden. So können mehrere Rinnen über einen Anschluss mit Wasser versorgt werden.

1   Holzgerüst zusammenbauen. Regenrinne mit Endkappen ausstatten und Regenrinne einsetzen.

2   Löcher für Verschraubung links und rechts bohren und Regenrinne mit Dichtungsschrauben festschrauben.

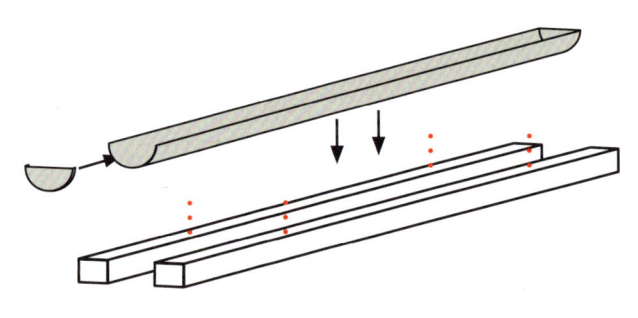

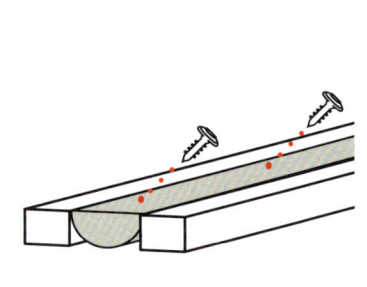

3 Schlauchanschluss in Rinne bohren und Schraubtülle mit Schwimmer einsetzen. Dann Schlauch anschließen.

4 Rinne mit Wasser füllen und auf Undichtigkeiten untersuchen. Gegebenenfalls mit PVC-Kleber abdichten.

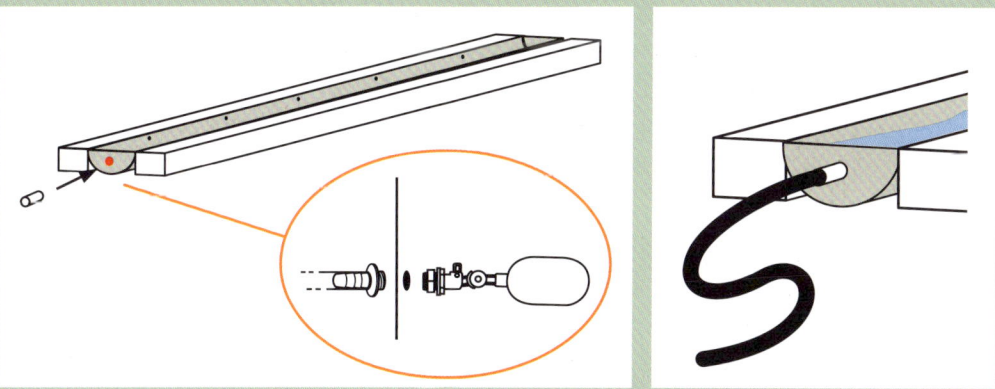

5 Das Maischefass in der Mitte halbieren.

6 Die Fasshälften nach Anleitung der externen Hohlraumbewässerung Nr. 48 (Seite 106) umrüsten.

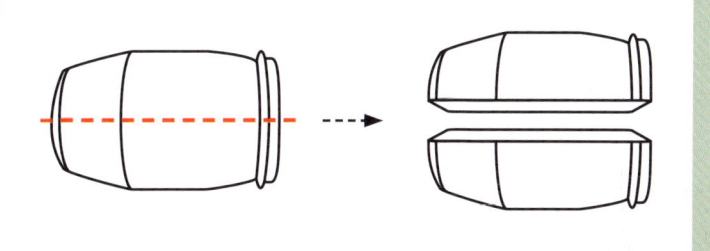
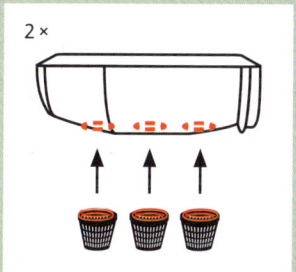

7 Fasshälften auf Konstruktion stellen. Töpfe mit Substrat füllen und Durchfeuchtung kontrollieren. Danach Fasshälften befüllen und bepflanzen.

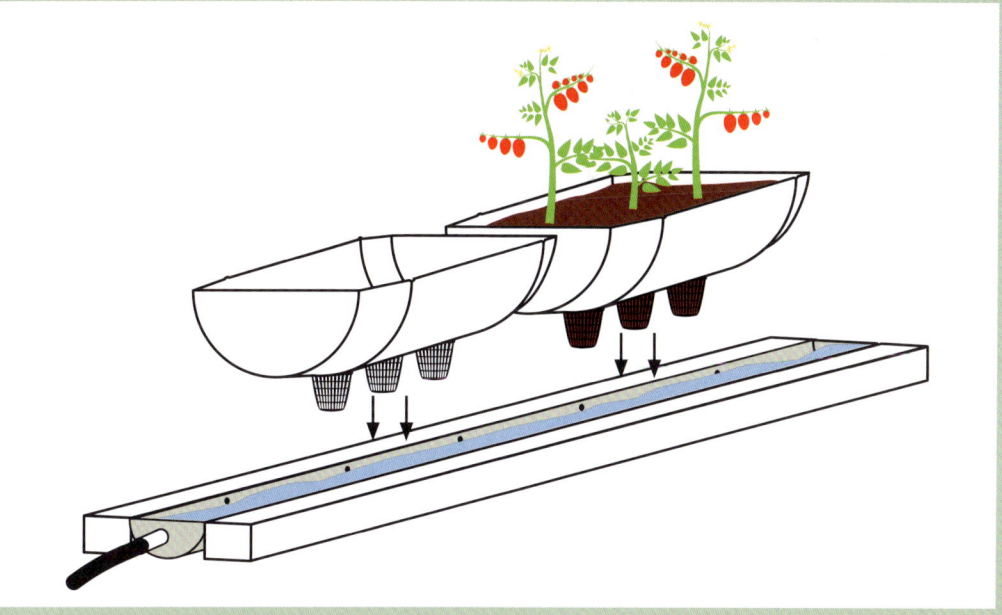

Fittings und PVC-Rohre für hydroponische und aquaponische Systeme sind in verschiedenen Größen erhältlich.

Hydroponik und Aquaponik

Hydroponische und aquaponische Systeme arbeiten ohne Erdsubstrat. Die Pflanzen sitzen in Kies oder Hydroton – das sind kleine Tonkugeln – und werden in ein Gefäß mit wenige Zentimeter hohem Wasser gestellt.

Bei der Hydroponik erhalten die Pflanzen ihre Nährstoffe über das Wasser, durch Zugabe von mineralischem Flüssigdünger. So kann für jede Pflanzenkultur die benötigte Menge an Nährstoffen über den gesamten Wachstumszyklus einzeln berechnet und sichergestellt werden. Außerdem kommt es nie zu Wassermangel und Austrocknen der Pflanzen. Hydroponische Systeme erfordern eine ständige Kontrolle des pH-Wertes und Nährstoffgehalts des Wassers. Automatische Düngezuführsysteme sind zwar teuer, übernehmen hier aber einen Großteil der Arbeit.

Bei aquaponischen Systemen sind Fische die Nährstoffproduzenten. Bakterien zersetzen die Ausscheidungen der Tiere in ihre Bestandteile. Diese werden zu den Pflanzen gepumpt, welche sich davon ernähren. In großen aquaponischen Anlagen werden der Anbau von Pflanzen und die Fischzucht vereint. Für den normalen Gärtner dienen die Fische lediglich als Nährstoffproduzenten für die Pflanzen. Der Zweck und die Größe der Anlage bestimmt die Wahl der Fische. Lassen Sie sich in einem Koi-Center oder Teichbaumarkt beraten.

Hydroponische und aquaponische Systeme bilden einen geschlossenen Wasserkreislauf, was die Verwendung von Frischwasser reduziert. Um die Algenbildung im System zu vermindern, sollten ausschließlich dunkle und opake Materialien verwendet werden.

Aquaponische Systeme werden hauptsächlich innerhalb von Gewächshäusern eingesetzt. Ohne Gewächshaus muss im Winter ein warmer Platz für die Fische geschaffen und das Rohrsystem trockengelegt werden, um Schäden durch Eis zu verhindern.

Es gibt vier verschiedene Systeme, die sowohl in der Hydroponik als auch in der Aquaponik verwendet werden: die Tiefwasser-Kultur, die Nährstofffilm-Technik, das Ebbe-und-Flut System und das C.H.O.P.-System.

Tiefwasser-Kultur
Deep-Water-Culture
Bei der Tiefwasser-Kultur sitzen die Pflanzen in Netztöpfen, die tief im Wasser stehen. Ihre Wurzeln sind somit zum großen Teil unter Wasser. Damit sich die Pflanze trotzdem mit Sauerstoff versorgen kann, wird das Wasser mit einer Belüftungspumpe und einem Luftstein mit Sauerstoff angereichert. Tiefwasser-Kulturen können mit schwimmenden Materialien wie z.B. Styroporplatten oder fest installierten Deckeln gebaut werden.

Nährstofffilm-Technik
Nutrient-Film-Technique, kurz: N.F.T.
Bei dieser Technik wird stetig eine geringe Menge mit Nährstoffen angereicherten Wassers durch ein Pflanzsystem mit Gefälle geführt. Die Pflanzen werden bei diesem System so positioniert, dass ausschließlich ihre Wurzeln ins Wasser gelangen. Die Pflanzen selbst sitzen erhöht in einem Netztopf mit Hydroton. So können sich ihre Wurzeln auch mit Sauerstoff versorgen. Das System eignet sich für drinnen und draußen und benötigt eine dauerhaft arbeitende Teichpumpe.

Ebbe-und-Flut-Technik
Flood-and-Drain
Beim Ebbe-und-Flut-System wird aus einem Tank Wasser in das Pflanzbett gepumpt und **dies**es geflutet, um beim Erreichen eines bestimmten Höhenlevels über einen

Siphon wieder abgelassen zu werden. So stehen die Pflanzen immer wieder abwechselnd im Wasser und in der Luft. Bei diesem System ändert sich der Wasserspiegel im Fischtank durch das spontane Auslösen des Glockensiphons und den Pumpvorgang.

Die Ebbe-und-Flut-Technik ist das am weitesten verbreitete System und bei Anfängern sehr beliebt. Man kann mit ihm kleine aber auch sehr große Anlage konzipieren. Es besteht aus einem Fischtank, der mit Belüftungspumpe, Luftstein und Wasserpumpe ausgestattet ist, einem Pflanzbett, einem Glockensiphon und einem Rohrsystem. Der Wasserfluss muss sorgfältig eingestellt werden, um ein zu schnelles Füllen und Leeren des Pflanzbetts zu verhindern. Als aquaponisches System genutzt, hat das System den Nachteil, dass es bei Fischen aufgrund des sich ändernden Wasserspiegels Stress verursachen kann. Dies zeigt sich in vermehrtem Koten und Sterben der Fische. Auch erhöht eine Teichpumpe die Wassertemperatur im Fischtank um bis zu 5°C, was einige Arten nicht vertragen. Gehen Sie sicher, die richtigen Fische für Ihre Zwecke zu wählen und ihren Bedürfnissen Sorge zu tragen.

C.H.O.P.- Aquaponik
Constant-Height-One-Pump
Bei diesem System wird der Wasserlevel im Fischtank im Gegensatz zum Ebbe-und-Flut-System konstant gehalten. Dazu braucht es neben dem Fischtank, der entweder größer ist als das Pflanzbett oder aber höher gestellt wird, einen Sickertank, in dem das Wasser aus dem Pflanzbett aufgefangen und zurück in den Fischtank gepumpt wird. Vom Fischtank wird das Wasser über ein Steigrohr in das Pflanzbett geleitet. Dies funktioniert durch die Schwerkraft und richtet sich am Wasserlevel aus.

Der gleichbleibende Wasserlevel verhindert Stress für die Fische. Zudem wird nur eine Pumpe benötigt. Die Pflanzen sitzen entweder in mit Hydroton gefüllten Töpfen im Pflanzbett, sodass sie mobil und herausnehmbar bleiben,

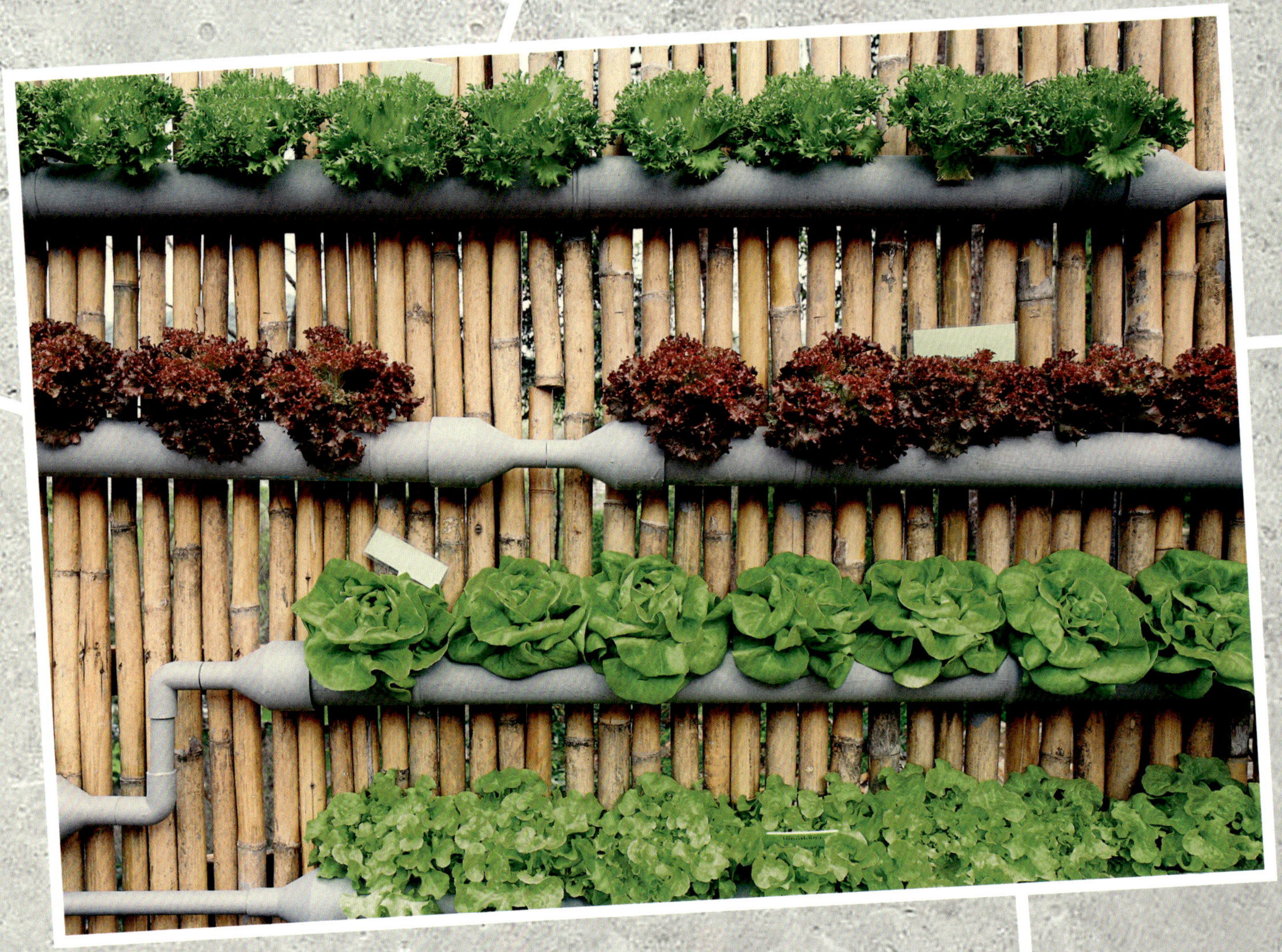

Links: Hier ist ein hydroponisches Rohrsystem an einer Wand angebracht. Ein einziger Rohranschluss versorgt dabei das gesamte System mit frischem Wasser.

Mitte: Junge Salate sitzen in einer Rohr-Hydroponik in kleinen Töpfen mit Hydroton.

Rechts: Bei der Aquaponik wird der Gemüseanbau mit der Fischzucht kombiniert.

oder aber direkt im mit Hydroton gefüllten Pflanzbett. Ein Glockensiphon leitet das Wasser in den unter dem Pflanzbett angebrachten Sickertank ab, von wo es zurück in den Kreislauf gelangt.

Da das System nur über eine Pumpe verfügt, ist es in der Regel energiesparender als ein aquaponisches Ebbe-und-Flut-System. Die Trennung von Fischen und Pumpe verhindert Temperaturprobleme des Wassers und schützt Jungfische vor Schaden. Das System verwendet mehr Wasser, als der Fischtank halten kann, weshalb Levelschwankungen ausgeschlossen werden. Um Elektronik sowie Material und Tiere zu schonen, sollte das System ausschließlich in einem Gewächshaus verwendet werden.

Glockensiphon

Ein Siphon schickt das Wasser aus dem Pflanzbett zurück in den Fischtank, wenn sich das Beet bis zur gewünschten Höhe gefüllt hat. Er verhindert somit ein Überlaufen und reguliert den Wasserpegel. Ein Glockensiphon funktioniert über Druck und Sog. Steigt der Wasserpegel über die Höhe der inneren Siphonkonstruktion hinaus, setzt ein Sog ein, der das Pflanzbett bis auf wenige Zentimeter entleert. Dies benötigt nur wenige Sekunden. Der Sog kann durch bestimmte Anpassungen an Siphon und Abflussrohr verstärkt und zeitlich eingestellt werden. Eine Biegung des Abflussrohrs, z.B. wie bei Spülbecken, führt durch internen Sog zur schnelleren Entleerung des Beckens.

Technische Aspekte

Alle Arten selbst gebauter aquaponischer und hydroponischer Anzuchtsysteme sollten nicht in Innen- und Wohnräumen eingesetzt werden, damit es bei evtl. auftretenden Wasserlecks keine Schäden gibt. Eine Ausnahme sind die Aquariumversionen. Für sie gelten die Regeln wie für ein normales Aquarium.
Belüftungspumpen, die Luft bewegen, benötigen weniger Energie als Teichpumpen, die Wasser bewegen müssen. Je weniger oder ausgeglichener Sie die elektronischen Komponenten einsetzen, desto nachhaltiger wird Ihre Konstruktion. Sparen Sie jedoch nicht, wenn es um die Versorgung Ihrer Fische oder Pflanzen mit Nährstoffen geht. Automatische Fütterungscomputer und Nährstoffanalysegeräte sparen Ihnen Zeit und geben Ihnen Sicherheit im Hinblick auf die Wasserqualität und die Gesundheit Ihrer Tiere.

Beachten Sie außerdem, dass wenig Sonne das Pflanzenwachstum negativ beeinflusst, viel Sonne allerdings die Algenbildung im System erhöht und das Wohlbefinden der Tiere stört. Ihr Fischtank sollte deshalb möglichst dunkel stehen bzw. durch einen Deckel oder sonstige Abdeckung vor Sonnenlicht geschützt sein. Benutzen Sie auch hier am besten dunkle und opake Materialien. Wenn Sie UV-Lampen verwenden, richten Sie sie nicht auf den Fischtank aus.

Kompostwürmer in aquaponischen Systemen

Den Einsatz von Kompostwürmern kennen wir schon vom traditionellen Anbau. Sie sind aber auch eine praktische Ergänzung in aquaponischen Systemen. Hier sammeln sich durch Fischkot und abgestorbene Pflanzenteile mit der Zeit Rohmaterialien am Substrat. Würmer helfen diese Materialien zu zersetzen und die Nährstoffe daraus zu extrahieren. Sie säubern somit das Pflanzbett und fügen dem Kreislauf Nährstoffe hinzu. Die Kompostwürmer halten sich bei aquaponische Systemen in direkter Umgebung der Pflanzenwurzeln auf. Voraussetzung ist dabei, dass der Wurzelstock nicht komplett und dauerhaft unter Wasser liegt. Sie eignen sich also nicht für eine Tiefwasser-Aquaponik.

Nr. 53

50 € | 1:15 h

PVC-Rohr ø 110 mm 30 cm
Endkappe ø 110 mm
PVC-Rohr ø 32 mm 50 cm
Gewindemuffe mit IG ø 32 mm 2 Stück
90°-Winkel ø 32 mm 2 Stück
Gewindemuffe mit AG ø 32 mm
Reduziermuffe mit AG ø 50/32 mm
PVC-Kleber + -Reiniger

Glockensiphon

Dieser Siphon wird mit verschiedenen im Handel erhältlichen PVC-Rohrteilen gefertigt. Seine Höhe und somit die Füllhöhe des Pflanzbetts kann auf jegliche Bedürfnisse angepasst werden. Ein Abflussrohr mit Biegung erhöht die Geschwindigkeit, mit der das Pflanzbett entleert wird. Experimentieren Sie bei der Konstruktion mit der Höhe des Siphons und mit der Konstruktion des Abflussrohres.

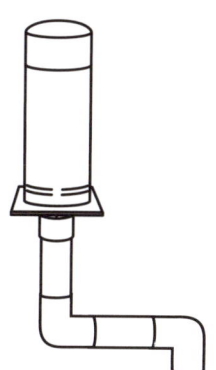

1   10 cm vom Rohrstück (ø 32 mm) absägen.

2   Gewindemuffen (IG und AG) in Abflussloch drehen. Rohrstück reinigen und festkleben.

3   Rohrstück (ø 32 mm) auf max. Wasserstandshöhe zuschneiden. Mit Reduzier- und Gewindemuffe (IG) verbinden.

4   Auf Abfluss stecken.

5   ø 110 mm Rohr einen Zentimeter länger als Siphon zuschneiden. Endkappe aufstecken und Schlitze einsägen.

6   Glocke auf Siphon stellen.

7   90°-Winkel und Rohr reinigen, kleben und zusammenstecken.

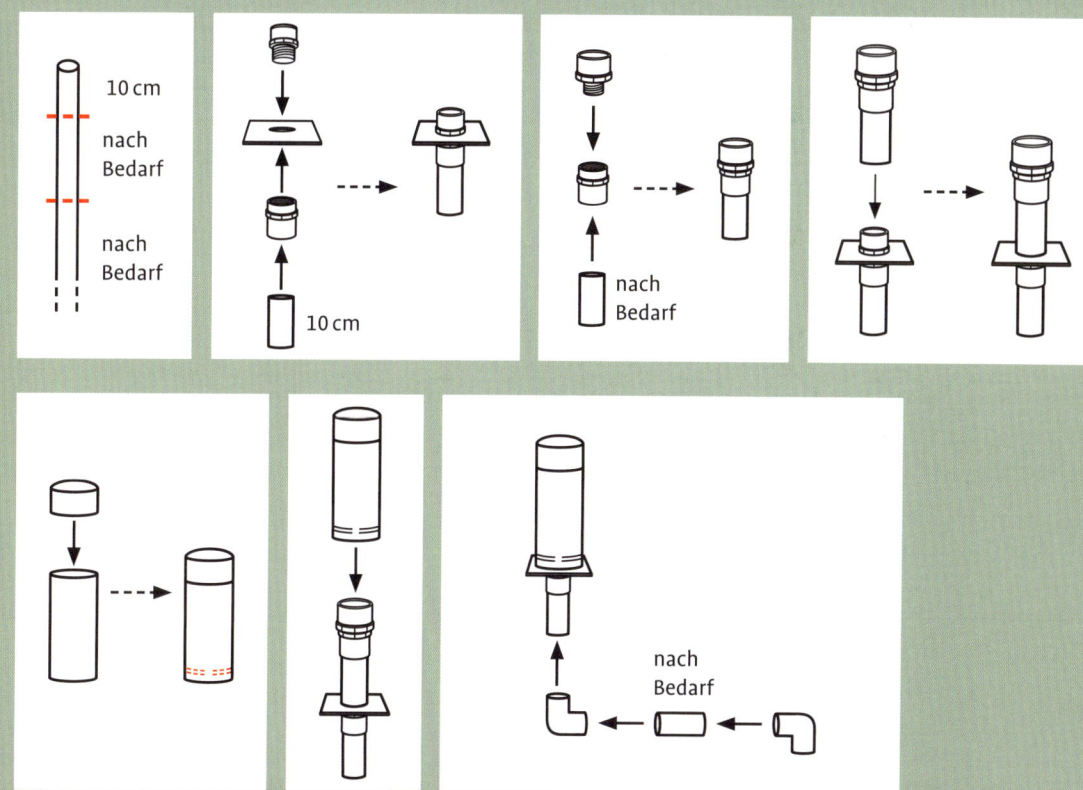

Nr. 54

65 € | 1:00 h

opake Plastikbox mit Deckel 150 l

Netztöpfe 6 Stück

Dichtungen ø 100 mm 6 Stück

Belüftungspumpe 200 Watt

Schlauch ø 4 mm 1 m

Luftstein

Nährstoffmix für Hydrokulturen

Hydroton

Hydroponische Tiefwasser-Box

Sie ist die kleinste und einfachste hydroponische Konstruktion. Vor allem für Gewächshäuser ist sie geeignet und benötigt einen Stromanschluss. Das Wasser wird über einen Luftstein zum Sprudeln gebracht, was den Sauerstoffgehalt des Wassers erhöht und die Pflanzen zu erhöhtem Wurzelwachstum anregt. Je nach Behältnisgröße sollten Topfanzahl und Pflanzengröße aneinander angepasst werden, damit sich die Pflanzen nicht in die Quere kommen. Um die Stabilität der tragenden Fläche zu erhöhen, können Plastikrohre oder andere Stäbe zur Abstützung ins Wasser gestellt werden. Die Dichtungen sorgen für mehr Halt bei dünnem Material. Benutzen Sie dunkle und opake Behälter um die Algenbildung zu minimieren.

● bohren

schneiden
sägen

nageln
schrauben

kleben

messen

binden

121

1 Löcher für Netztöpfe in Deckel
und Loch für Pumpenschlauch
in Seitenwand bohren.

2 Luftstein in die Mitte legen
und Pumpe anschließen.

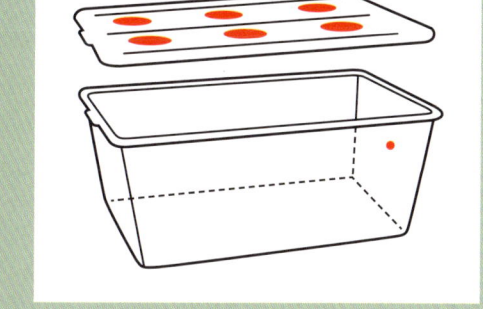
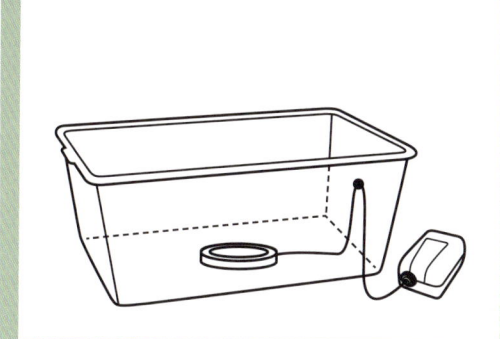

3 Netztöpfe und Dichtungen in
Löcher setzen.

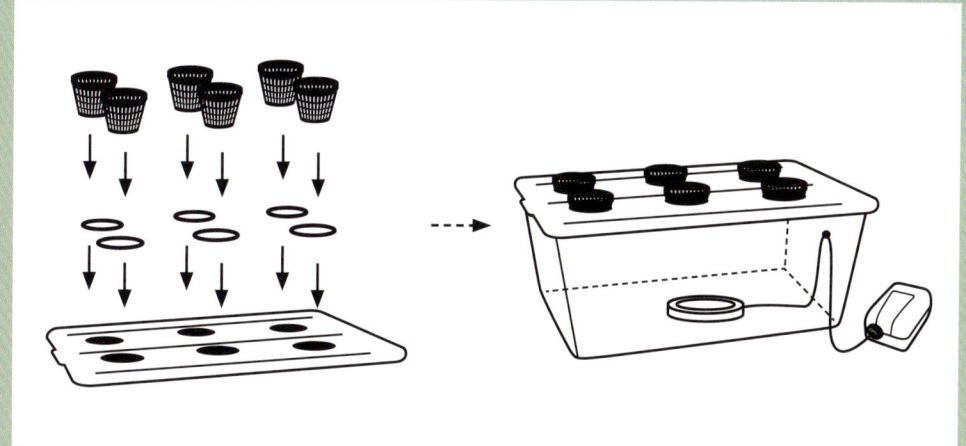

4 Wasser einfüllen und mit
Nährstoffen anreichern. Töpfe
mit Hydroton füllen und bepflanzen.

Nr. 55

120 € | 0:30 h

Plastikbox mit Deckel

PVC-Rohr ⌀ 110 mm 1,5 m

90°-Winkel ⌀ 110 mm 2 Stück

Endkappe ⌀ 110 mm

Schraubtülle mit AG ⌀ 25 mm

Überwurfmutter ⌀ 25 mm

PVC-Rohr ⌀ 50 mm 1,5 m

Schlauch ⌀ 25 mm

Teichpumpe

PVC-Kleber + -Reiniger

Netztöpfe

Nährstoffmix für Hydrokulturen

Hydroton

Mini-N.F.T.-Hydroponik

Diese Miniatur-Nährstoffilm-Hydroponik besteht aus einem Wasserreservoir und einem abfallenden Rohr, in das Netztöpfe eingebracht sind. Das Wasser wird an die oberste Stelle des Rohres gepumpt und läuft durch das Rohr hinunter, bis es am Ende wieder in das Reservoir fließt. Diese Konstruktion ist besonders für Hydroponik-Anfänger geeignet und kann in Innenräumen an einem hellen Fenster betrieben werden. Verwenden Sie ausschließlich opake Plastikboxen, um die Algenbildung zu verringern.

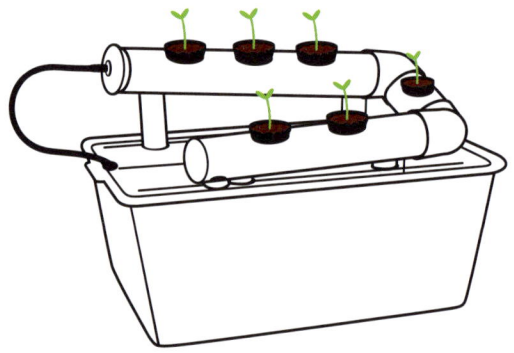

1 PVC-Rohr nach eigenem Maß zurechtsägen und Löcher für Netztöpfe hineinbohren.

2 Mit 90°-Winkeln zu Gefälle verbinden, reinigen und verkleben.

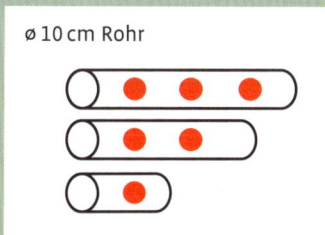
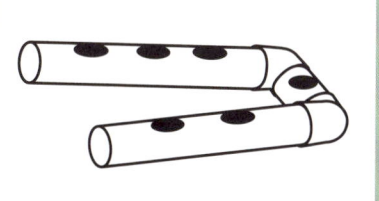

3 Loch für Schraubtülle in Endkappe bohren und mit Überwurfmutter installieren.

4 Endkappe und Rohrende reinigen und verkleben.

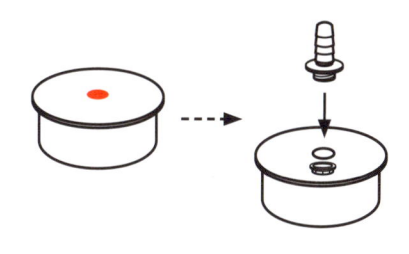
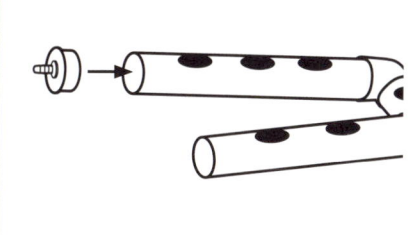

5 Ständerfüße aus PVC-Rohr schneiden, reinigen und festkleben.

6 Löcher für Standfüße, Schlauch und Abfluss in Reservoirdeckel sägen.

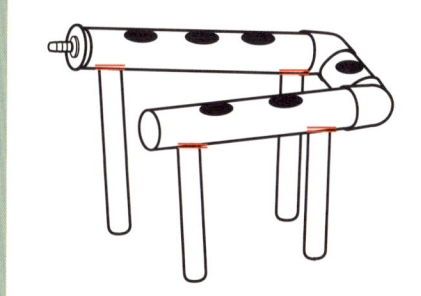
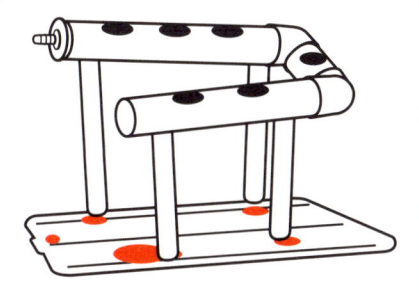

7 Konstrukt in Reservoir stellen, Teichpumpe anbringen und Schlauch auf Schlauchtülle stecken.

8 Netztöpfe einsetzen, Hydroton waschen. Töpfe befüllen und bepflanzen.

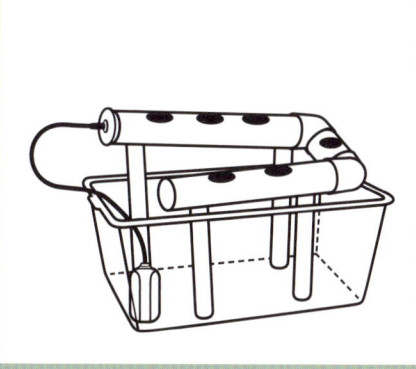
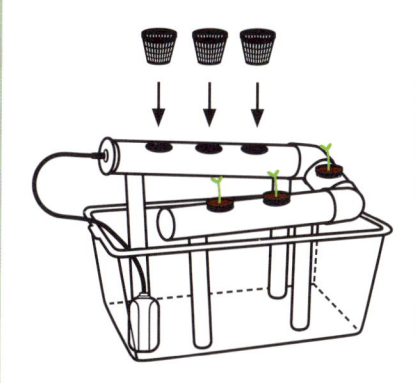

Nr. 56   Tiefwasser-Aquarium-Aquaponik

85 € | 0:20 h

Aquarium
Belüftungspumpe 200 Watt
Luftstein
Schlauch ⌀ 4 mm
Styroporplatte
Netztöpfe
Hydroton
Fische

Mit kleinen aquaponischen Systemen können sich Anfänger im Umgang mit dieser Pflanzmethode erproben, ohne gleich viel Geld oder Zeit investieren zu müssen. Voraussetzung ist das Vorhandensein eines Aquariums. Bei dieser Konstruktion dient eine Styroporplatte als schwimmender Pflanzenträger. Sorgen Sie für eine ausreichende Fütterung der Tiere, da sie sich sonst an den Pflanzenwurzeln bedienen. Natürlich kann die Konstruktion auch ohne Tiere in Betrieb genommen werden. Wenn Fische im Aquarium vorhanden sind, geben Sie ihnen erst einmal Zeit, sich an die Neuerungen zu gewöhnen.

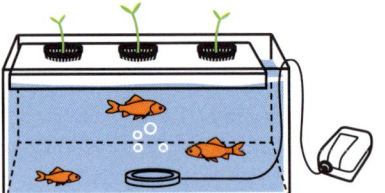

1   Styroporplatte zurechtsägen und Löcher für Netztöpfe hineinsägen.

2   Töpfe einsetzen. Hydroton einfüllen und bepflanzen.

3   Belüftungspumpe und Luftstein in Aquarium einbauen.

4   Styroporplatte auf die Wasseroberfläche setzen.

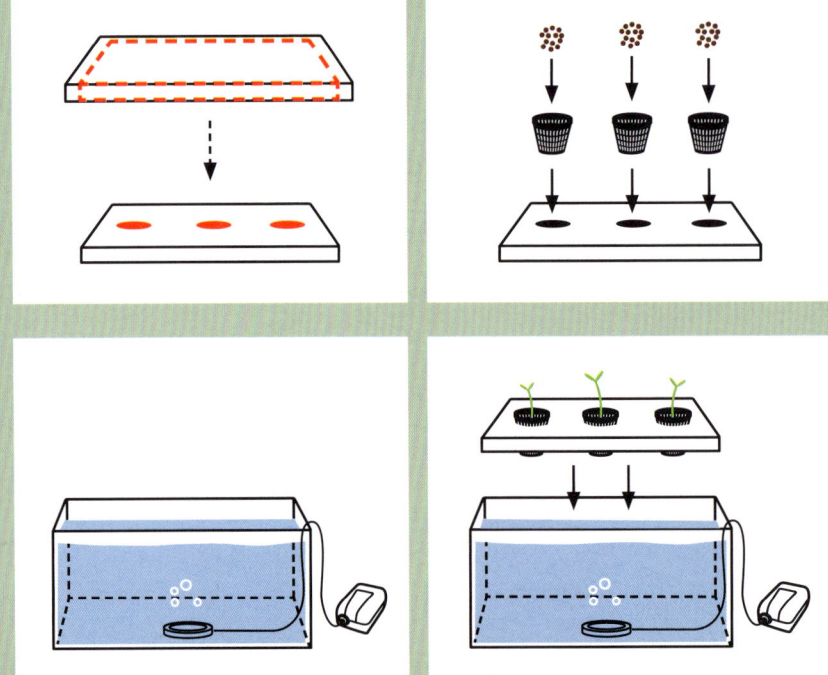

Nr. 57

230 € | 0:30 h

Aquarium
Pflanzbett
Glockensiphon nach Anleitung Nr. 53
PVC-Kleber + PVC-Reiniger
Aquariumpumpe
Belüftungspumpe + Luftstein
Schlauch ø 4 mm + Schlauch ø 20 mm
Hydroton 5 kg
Fische

Ebbe-und-Flut Aquarium-Aquaponik

Bei dieser Konstruktion wird ein Pflanzbett mit Siphon versehen und oberhalb von oder auf einem Aquarium positioniert. Per Aquariumpumpe wird das Pflanzbett mit Wasser versorgt. Es kann auch eine Springbrunnendüse verwendet werden. So vereint man Zimmerspringbrunnen mit Tierhaltung und Nahrungsproduktion. Das Aquarium sollte so dunkel wie möglich stehen, um Algenbildung zu vermindern. Die Pflanzen hingegen brauchen UV-Licht, welches man z.B. durch eine UV-Lampe ergänzen kann. Diese Konstruktion können Sie auch in Innenräumen verwenden.

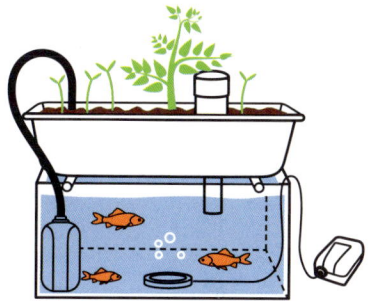

1   Loch für Siphon in des Pflanzbett sägen.

2   Glockensiphon nach Anleitung Nr. 53 bauen. Siphon und Abflussrohr einbauen.

3   Belüftungspumpe, Aquariumpumpe und Luftstein installieren. Pflanzbett auf oder über Aquarium anbringen z.B. auf Holzlatten.

4   Aquariumpumpenschlauch ins Pflanzbett führen.

5   Hydroton waschen und Durchfeutung testen. Danach mit Setzlingen bepflanzen.

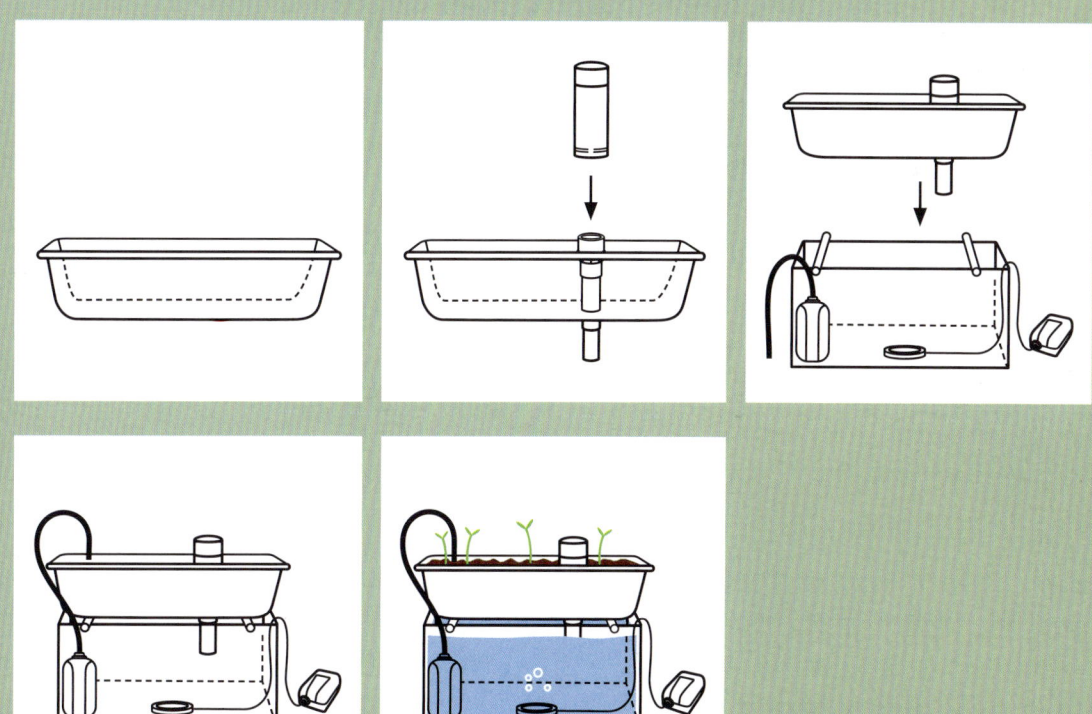

Nr. 58

470 € | 12:00 h

Pflanzbetten 100 l 2 Stück

Fischtank 500 l

Glockensiphons nach Anleitung
Nr. 53 2 Stück

PVC-Rohr ø 35 mm 2 m

T-Stück ø 32 mm

90°-Winkel ø 32 mm 2 Stück

Kugelhähne ø 32 mm 2 Stück

Schraubtülle ø 32 mm

Rohrschelle ø 32 mm

PVC-Kleber + PVC-Reiniger

Teichpumpe 1400 l/h

Belüftungspumpe 200 Watt

Schlauch ø 32 mm

Luftstein

Hydroton 50 kg

Fische

Ebbe-und-Flut-Aquaponik

Dieses System besitzt zwei Pflanzbetten, die über ein gemeinsames Rohrsystem mit Wasser versorgt werden. Eine Schlauchtülle verbindet die Teichpumpe mit dem Rohrsystem. Der Wasserzufluss wird über Hahnventile im oberen Rohrbereich geregelt und kann auch unterschiedlich eingestellt werden. Neben der Teichpumpe wird noch eine Belüftungspumpe mit Luftstein benötigt, der das Wasser im Fischtank mit Sauerstoff versorgt. Die Positionierung des Fischtanks unter dem Gerüst, hier einem Tisch, und den Pflanzbetten, schützt automatisch vor starker Sonneneinstrahlung. Das System kann auf einer asphaltierten oder versiegelten Fläche im Hof oder Garten und im Gewächshaus eingesetzt werden.

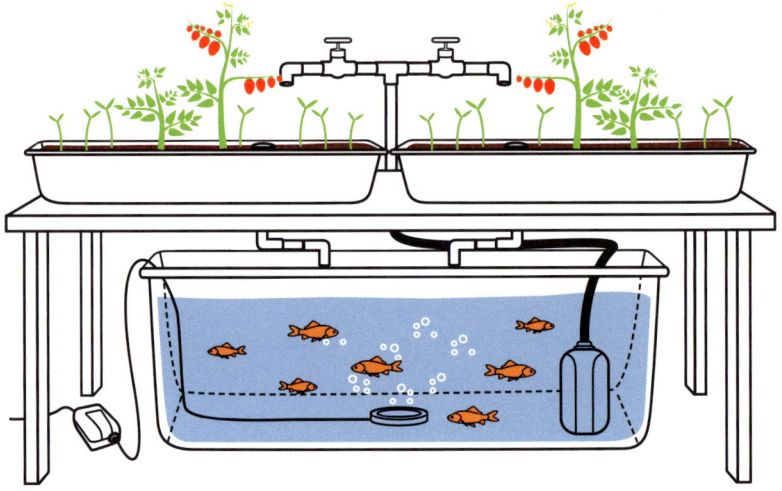

1 Löcher für Siphons in Pflanzbetten und Unterkonstruktion
(hier einen Tisch) bohren.

2 Siphons nach Anleitung Nr. 53
zusammenbauen und in
Pflanzbetten einbauen.

3 Fünf Stücke nach eigenem
Maß aus PVC-Rohr schneiden.

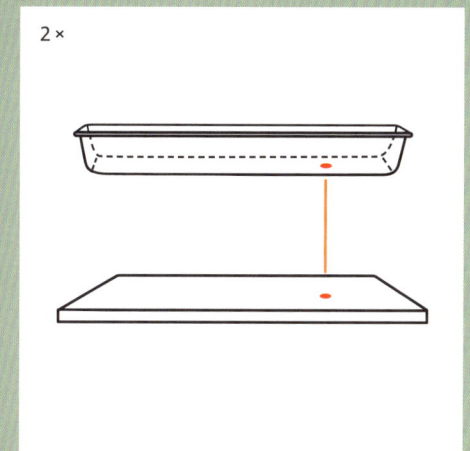 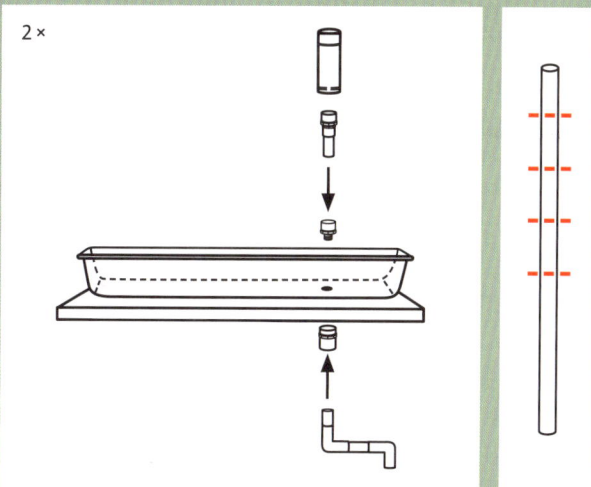

4 PVC-Rohr mit T-Stück,
90°-Winkeln und Kugelhähnen
zu Verteiler zusammenfügen.
Schraubtülle anbringen.

5 Verteiler mit Rohrschelle an
Tisch befestigen.

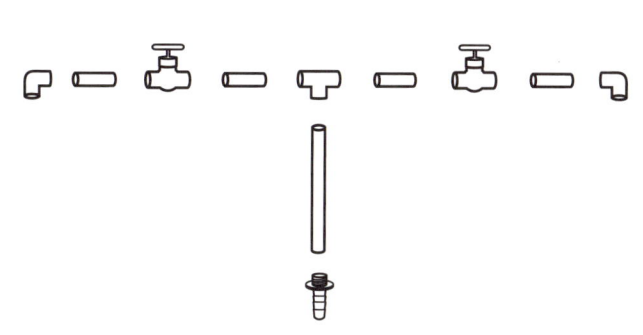 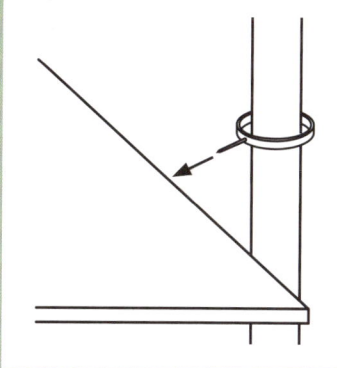

6 Fischtank mit Pumpe ausstatten und Schlauch auf Schraubtülle drehen. Belüftungspumpe
und Luftstein in Fischtank anbringen und anschließen. System aktivieren und Wasserfluss
kontrollieren.

7 Hydroton waschen und in
Pflanzbetten füllen. Setzlinge
einpflanzen.

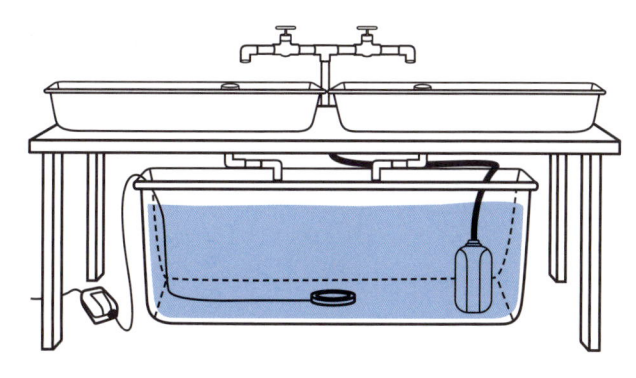 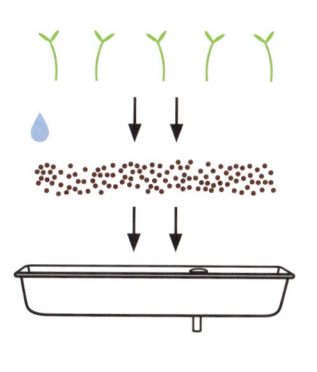

Nr. 59

135 € | 12:00 h

Pflanzbett 100 l

Fischtank 500 l

Sickertank 500 l

Glockensiphon nach Anleitung Nr. 53

Teichpumpe 1400 l/h

Schlauch ø 32 mm

PVC-Rohr ø 32 mm 1m

90°-Winkel ø 32 mm 2 Stück

Dichtungen ø 32 mm

PVC-Kleber + -Reiniger

Netztöpfe

Hydroton 20 kg

Fische

C.H.O.P. - Aquaponik

Dies ist die klassische Variante einer C.H.O.P.- Aquaponik. Der Wasserlevel im großen Fischtank überragt das hochgestellte Pflanzbett. Ein Rohrsystem führt das Wasser vom Fischtank in das Pflanzbett. Ein Siphon schickt das Wasser vom Pflanzbett in den darunter stehenden Sickertank. Im Sickertank sinken die Schwerstoffe zum Boden. Das Wasser wird über eine Teichpumpe zurück in den Fischtank geschickt. Beim Einplätschern wird das Wasser im Fischtank gleichzeitig mit Sauerstoff angereichert.

1   Loch für Glockensiphon in Pflanzbett und Unterkonstruktion (hier ein Tisch) bohren.

2   Siphon nach Anleitung Nr. 53 zusammenbauen und in das Pflanzbett einbauen.

3   PVC-Rohr zurecht sägen.

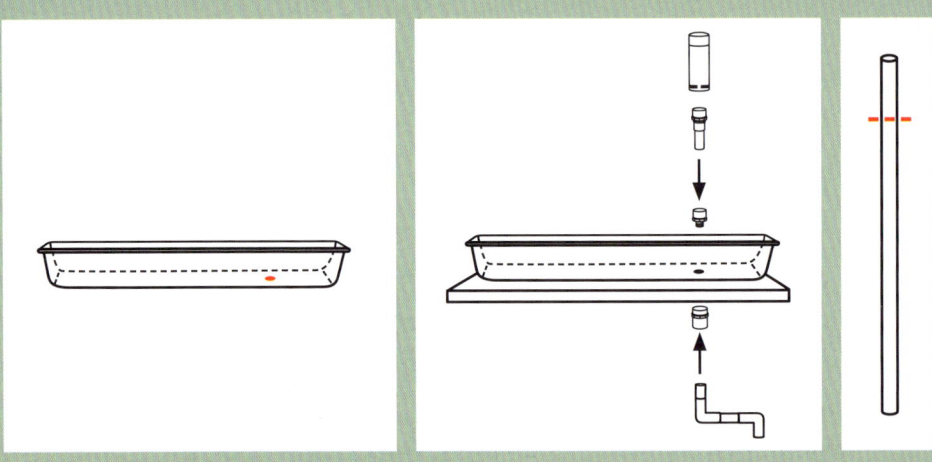

4 90°-Winkel mit kurzem Rohrstück und langem Rohrstück
zusammenstecken, reinigen
und verkleben.

5 Loch für Überflussrohr in
Fischtank sägen.

6 Überflussrohr mit Dichtungen
in Fischtank einbauen.

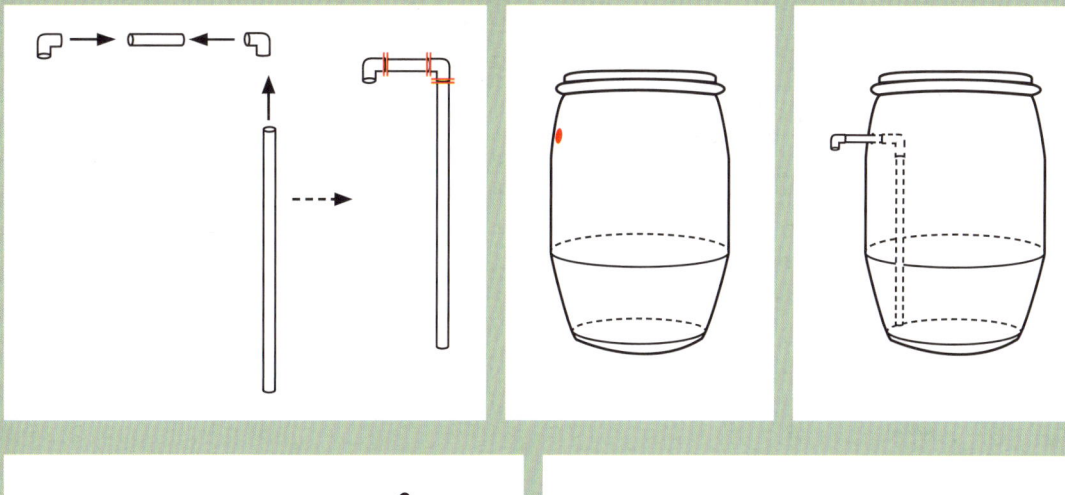

7 Sickertank mit Teichpumpe
ausstatten und Leitung oben in
Fischtank legen. Fischtank mit
Wasser befüllen.

8 Hydroton waschen und in
Pflanztöpfe füllen. Danach bepflanzen.

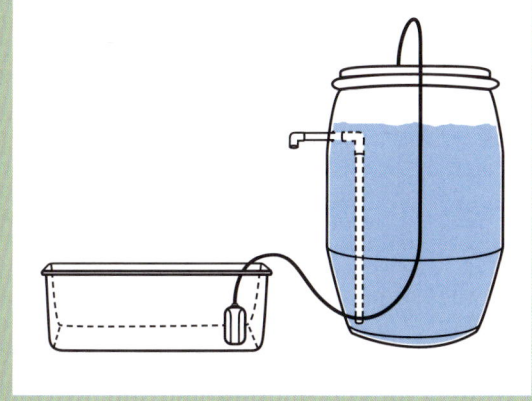

9 System aktivieren und Wasserfluss kontrollieren. Vor dem
Einsetzen der Fische sollte das
System mehrere Tage laufen
und mit Nährstoffen anreichert
werden.

Nr. 60

55 € | 1:30 h

Teichpumpe 1400l/h
PVC-Rohr ø 32 mm 2 m
Stecktülle ø 32 mm
Übergangsmuffen ø 32 mm 2 Stück
90°-Winkel ø 32 mm 2 Stück
T-Stück mit IG oben ø 35 mm

Schraubtülle ø 32/4 mm
Bewässerungsschlauch ø 4 mm 15 cm
Schlauch ø 32 mm
Schlauchventil ø 4 mm
PVC-Kleber + -Reiniger

Druckluft-Belüftung für die C.H.O.P.-Aquaponik

Um den Sauerstoffanteil in Ihrem Fischtank zu erhöhen, braucht es nicht unbedingt eine Belüftungspumpe mit Luftstein, der von einer Stromzufuhr abhängig ist. Der Druck, den eine Teichpumpe in einem Schlauch oder Rohr erzeugt, kann dazu genutzt werden, mit dem Wasser auch Luft zu transportieren. Dazu muss ein Zugang geschaffen werden.

Über ein Schlauchtülle und ein kurzes Stück Schlauch kann Luft in das Rohrsystem geleitet werden. Ein Ventil an demselben Schlauchsystems kann die Luftzufuhr eingestellt werden. Ideal sind viele kleine Luftblasen, da sie länger im Wasser verbleiben als große. Zusätzlich zur Stromersparnis vermeiden Sie auch den durch eine Belüftungspumpe entstehenden Lärm.

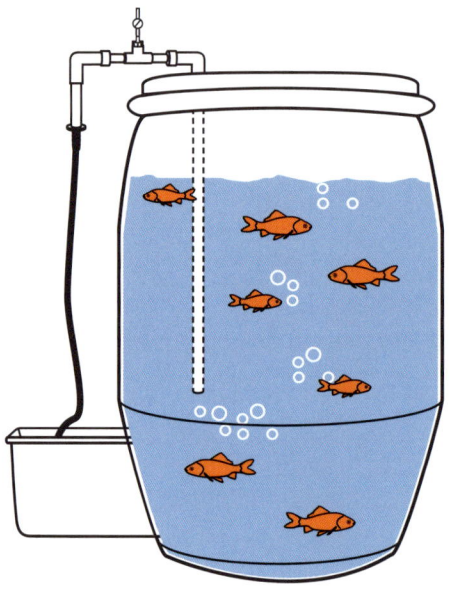

1   Rohrstücke zurechtschneiden.

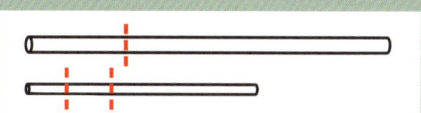

2   Rohrstücke, 90°-Winkel, Übergangsmuffen, T-Stück und
Stecktülle zusammenstecken.

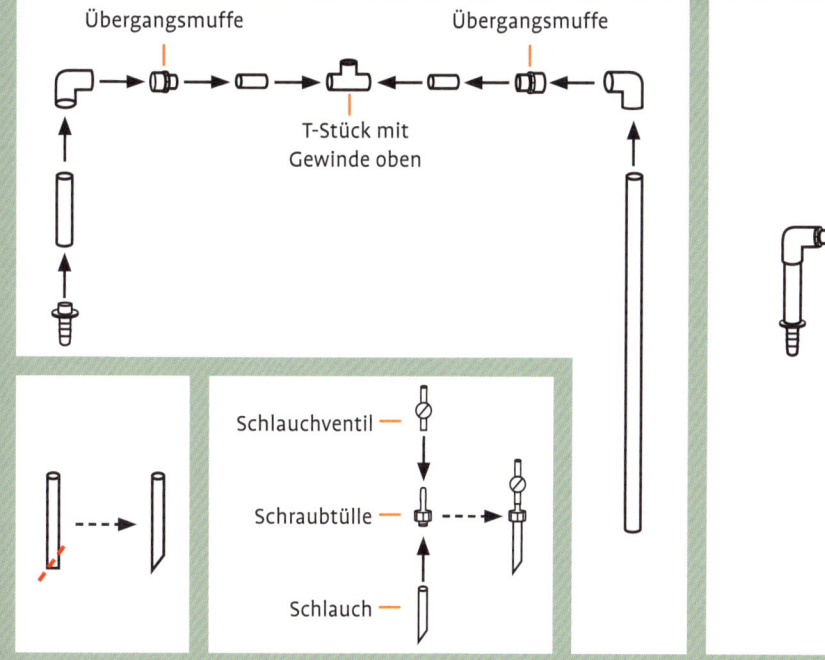

Übergangsmuffe   Übergangsmuffe

T-Stück mit
Gewinde oben

3   Schlauchstück anschrägen.

4   Schlauchventil mit Schraubtülle und Schlauchstück zusammensetzen.

Schlauchventil

Schraubtülle

Schlauch

5   Schlauchkonstrukt in T-Stück-
Gewinde drehen.

6   Dabei das Schlauchstück in
Richtung Fischtank ausrichten.

7   Pumpe auf Stecktülle stecken
und Testlauf machen. Luftzufuhr am Ventilhahn einstellen.

8   Rohrteile reinigen und mit
PVC-Kleber verkleben.

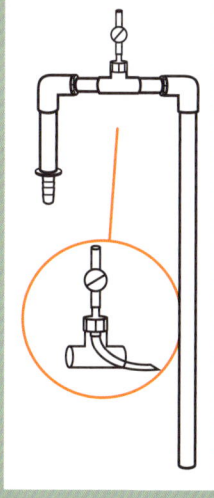

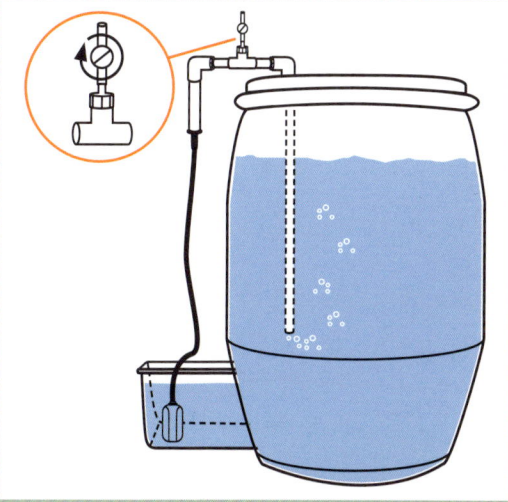

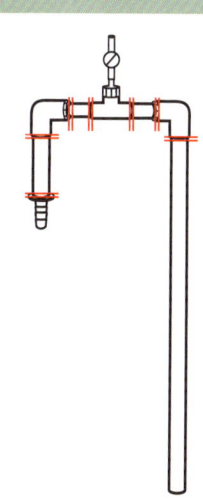

Nr. 61

400 € | 12:00 h

Holzbalken 9×9 cm 2 m 2 Stück
Einschlag-Bodenhülsen 9×9 cm 2 Stück

PVC-Rohr ø 110 mm 1,5 m 8 Stück
90°-Winkel ø 110 mm 12 Stück
Endkappe ø 110 mm
Rinneisen 110 mm 8 Stück
Reduzierkappe ø 110/50 mm

PVC-Rohr ø 50 mm 80 cm
PVC 90°-Winkel ø 50 mm 3 Stück
PVC-Kleber + -Reiniger

Plastikbox mit Deckel 150 l
Teichpumpe 25 Watt
Schlauch ø 25 mm 3,5 m
Schraubtülle ø 25 mm
Überwurfmutter ø 25 mm

Kabelbinder 15 cm
Hydroton 10 l
Netztöpfe 42 Stück
Pflanzensetzlinge 42 Stück
Nährstoffmix für Hydrokulturen

N.F.T. - Pflanzrohrsystem

Bei dieser N.F.T.-Konstruktion wird die Anzahl der Pflanzen pro Quadratmeter auf das Maximale erhöht, indem mehrere Pflanzebenen übereinander geschaffen werden. Durch die mit Gefälle angebrachten Rohre rinnt nährstoff-angereichertes Wasser, das die Pflanzen versorgt. Am Boden der Konstruktion wird das Wasser in einem Behälter aufgefangen und durch eine Teichpumpe wieder nach oben geschickt. Es besteht ein geschlossener Wasserkreislauf. Benötigt werden ein 2 m × 0,5 m großer Platz mit Bodenanschluss an einer südlichen Seite sowie ein Stromanschluss für die Belüftungspumpe. Die Konstruktion kann sowohl im Freien als auch im Gewächshaus angewendet werden. Da eine große Anzahl Jungpflanzen benötigt wird, ist es kostengünstiger die gewünschten Sorten selber vorzuziehen. Sie können die Pflanzen flexibel im System unterbringen, um ihren jeweiligen Licht- und Wärmebedürfnissen nachzukommen.

1 Einschlag-Bodenhülsen mit 1,46 m Abstand in den Boden schlagen.Dann Pfähle einsetzen und verschrauben.

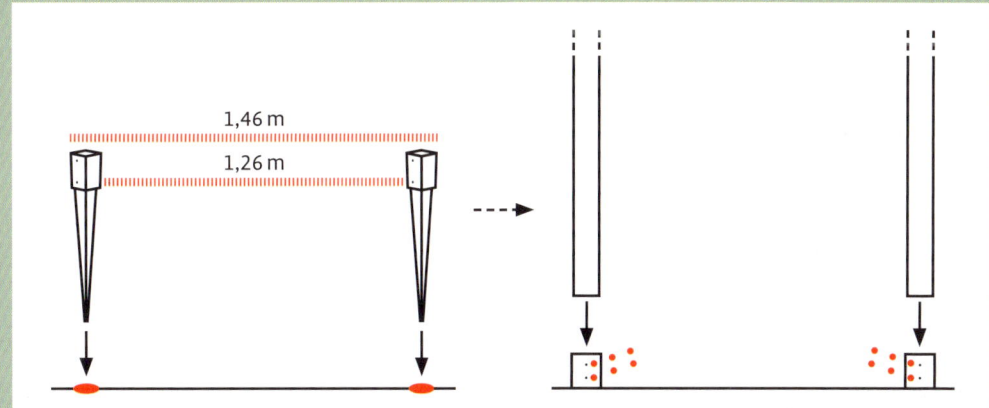

2 Sieben Rohre alle 20 cm markieren. Löcher mit Lochsäge ausschneiden.

3 Letztes Rohr in sechs 14 cm-Stücke zersägen.

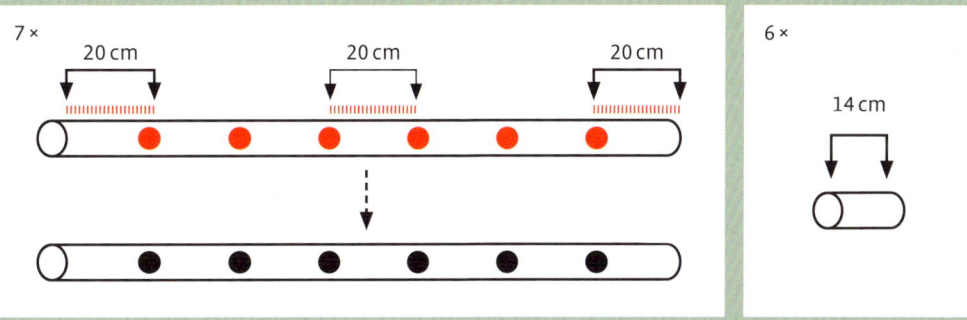

4 Am oberen Pfahlende das erste Rinneisen an Vorderseite anbringen.

5 Drei weitere Rinneisen in einem Abstand von je 30 cm an Außenseite des Pfahls anbringen. Die Rinneisen am zweiten Pfahl werden mit 15 cm Höhenunterschied angebracht. Neigungswinkel 6°.

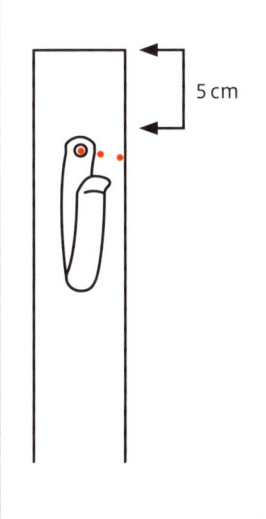

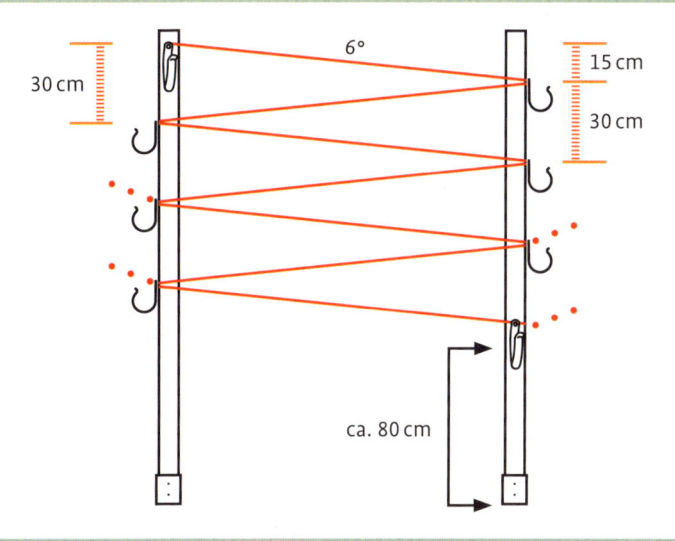

6 2,5 cm Loch in Endkappe bohren. Schraubtülle mit Überwurfmutter einbauen.

7 Rohre in Konstruktion legen. Rohre und 90°-Winkel reinigen und verkleben.

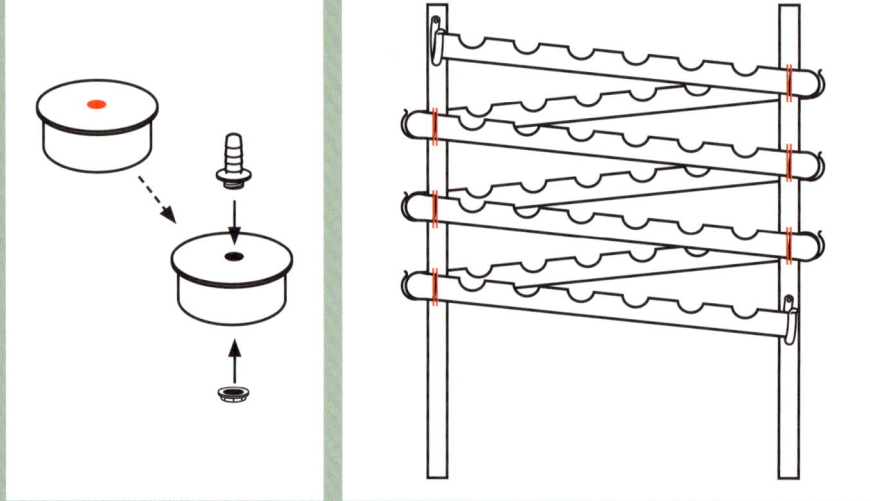

8 Wassertank an Innenseite des Pfahls platzieren. ø 5 cm-Loch mit der Lochsäge aussägen.

9 Rohrstücke für Abfluss zurechtschneiden. 10 cm-Stück für Verbindung mit dem Winkel und der Reduziermuffe absägen. Restlänge nach Bedarf zurechtsägen.

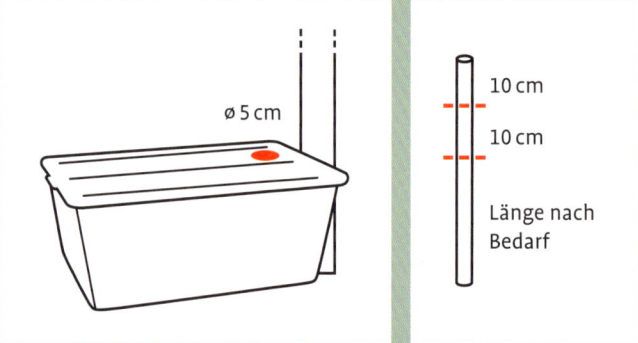

10 Reduzierkappe mit Rohrstücken und 90°-Winkeln reinigen, zusammensetzen und verkleben.

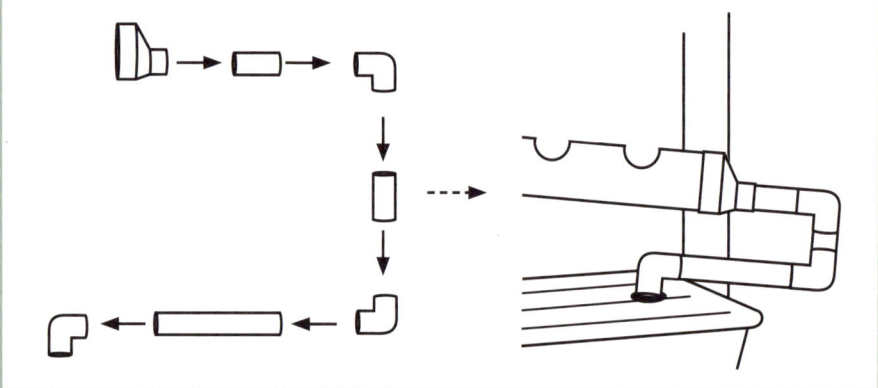

● bohren

┊ schneiden
┊ sägen

⋮ nageln
⋮ schrauben

‖ kleben

▦ messen

⟩ binden

135

11 Abflusskonstrukt anbringen, Verbindungsstücke reinigen und verkleben.

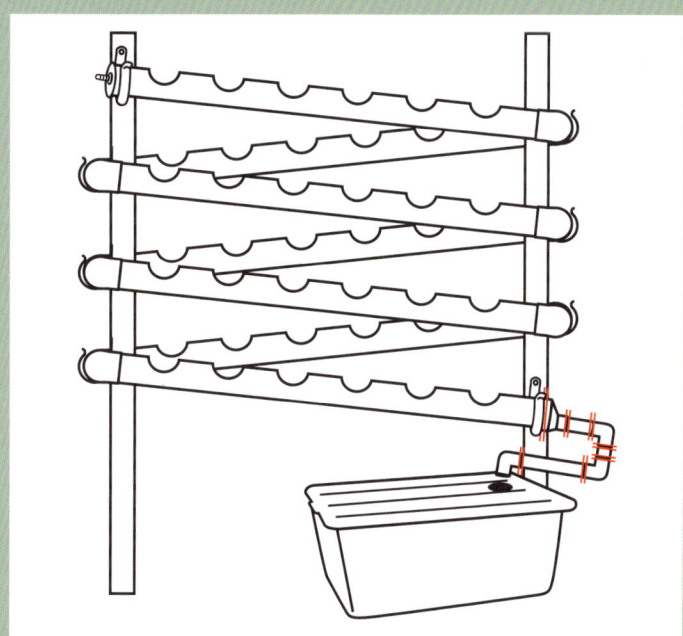

12 Schlauch auf Schlauchtülle stecken und am Pfahl entlang ins Reservoir führen. Mit Kabelbindern befestigen.

13 Teichpumpe einsetzen und an Schlauch anschließen. Tank mit Wasser und Nährstoffen füllen.

14 Hydroton waschen. Pflanztöpfe damit füllen und Jungpflanzen einsetzen.

15 Das Wasser sollte so im Rohr stehen, dass die Töpfe das Wasser berühren.

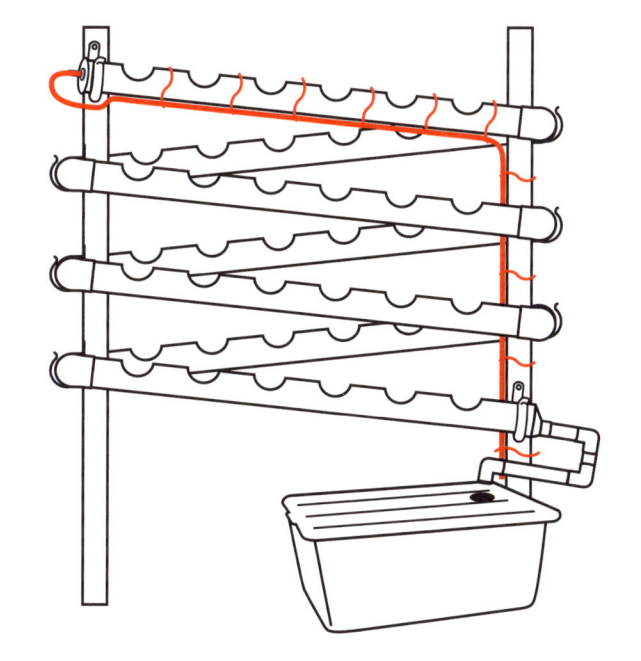

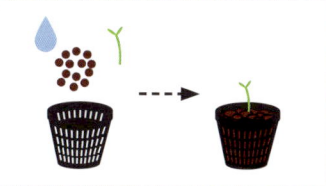

Oben: Der Sommer zeigt sich farbenpräch-
tig auf den Esstisch der Stadtgärtner.
Unten: Die ersten Tomaten sind schon reif.

Register

B Bäckerkistengarten **61**
   Bewässerungsrinne **112**
   Blumenampel-Netz **49**
   Blumenkasten sichern **48**
   Blumentisch **50**
   Blumenturm **65**
C C.H.O.P.-Aquaponik **128**
D Die Beschwipsten Töpfe **62**
   Druckluft-Belüftung für die C.H.O.P.-Aquaponik **130**
E Ebbe-und-Flut-Aquaponik **126**
   Ebbe-und-Flut-Aquarium-Aquaponik **125**
   Englische Blumenampel **67**
   Erdbox **107**
   Erdeimer **104**
   Erdeimer mit externer Hohlraum-Bewässerung **106**
   Erdraummangel **42**
   Erdsack mit Erweiterung **58**
   Erdtonne **108**
F Flaschenbewässerung **99**
   Flaschen-Gewächshaus **77**
   Flaschenturm **101**
   Folien-Gewächshaus **77**
   Frühbeet **78**
G Gardinenstange **48**
   Gefäß hängend - Wuchsrichtung nach unten **70**
   Gießwasserfilter **82**
   Glockensiphon **119**
   Grauwasserturm **76**
H Halbautomatische Balkonbewässerung **102**
   Hängende beschwipste Töpfe **63**
   Hängende Dosen **71**

Hängende Kiste **69**
Hängender Blumenturm **66**
Hängender Rost **68**
Hängendes Blumenregal **52**
Heizungsluft **42**
Horizontaler Rankring **87**
Hydroponische Tiefwasser-Box **120**
K Kartoffelsack **58**
   Kokedama **60**
   Komposttrommel **90**
M Minipflanzer **103**
   Mini-N.F.T.-Hydroponik **122**
   Moosgraffiti **25**
N N.F.T.-Pflanzrohrsystem **132**
P Palettengarten **64**
   Pflanztasche **58**
R Rankring **86**
S Samenbomben **24**
   Schwimmerregelung **110**
T Tiefwasser-Aquarium-Aquaponik **124**
   Tröpfchenbewässerung **100**
   Tunnelgewächshaus **80**
U Überflutete Behälter leeren **42**
   Urlaubsbewässerung Eins **43**
   Urlaubsbewässerung Zwei **44**
W Wassermangel im Balkonkasten **45**
   Weidenstab-Rankbogen **85**
   Weidenstab-Tipi **84**
   Wurmkomposter **88**
   Wurmturm **89**

Service

Die Adressen und Empfehlungen auf den nächsten Seite geben Ihnen weitere Anregungen und helfen Ihnen bei der Materialbeschaffung für Ihren ganz persönlichen Stadtgarten.

Literaturempfehlungen

Handbuch Bio-Balkongarten: Gemüse, Obst und Kräuter auf kleiner Fläche ernten
Andrea Heistinger Arche Noah:
Ulmer Verlag, Wollgrasweg 41, D–70599 Stuttgart www.ulmer.de

Das Ulmer Gartenbuch
Wolfgang Kawollek,
Ulmer Verlag, Wollgrasweg 41, D–70599 Stuttgart www.ulmer.de

Stadtgärtner-Organisationen

www.transition-initiativen.de
www.incredible-edible-todmorden.co.uk
www.urbaneoasen.de
www.urbane-gaerten-muenchen.de
www.thehighline.org
www.prinzessinnengarten.net
www.cityfarmer.info
www.urbanacker.net
www.gemeinschaftsdachgaerten.de
www.capitalgrowth.org
www.guerillagardening.org

Stiftungen und Förderung

www.anstiftung.de – Förderung von urbanen und gesellschaftlichen Projekten

www.mitarbeit.de – Stiftung zur Förderung von Gemeinschaftsprojekten

Stadtgestaltung und Ernährung

Philipp Stierand
Speiseräume – die Ernährungswende beginnt in der Stadt
oekom verlag

Andrea Baier | Christa Müller |
Karin Werner
Stadt der Commonisten
Neue urbane Räume des Do it yourself
[transcript] Verlag

Do it yourself

www.usefuldiy.com
www.lifeonthebalcony.com
www.milkwood.net

Gartenbau

www.verticalveg.org.uk
www.deinbiogarten.de
www.folien-shop.org
www.urban-gardening.eu/category/blog
www.bodenanalyse-zentrum.de
www.mundraub.org

Bewässerungstechnik

www.teichbau-profi.de
www.koi-discount.de
www.teichpoint.de
www.royal-gardineer.de
www.gardena.de
www.driptronic.com
www.dvs-beregnung.de

Hydroponik und Aquaponik

www.growzilla.de
de.eurohydro.com
www.lets-grow.de
www.igb-berlin.de

Fassadenbegrünung

www.fbb.de
www.fassadengruen.de

Kommerzielle Anbieter von Pflanzsystemen

www.windowfarms.com
www.woollypocket.com
www.towergarden.com
www.biotecture.uk.com
www.greenfortune.com
www.plantsonwalls.com

Quellen

Museumsstiftung Post und
Telekommunikation (Hrsg.):
DIY – Die Mitmach-Revolution
Band 29, Museum für Kommunikation
Frankfurt/M – Berlin 2011

Annabelle Hornung | Tine Nowak | Verena
Kuni **»Do It Yourself: Die Mitmachrevolu-
tion« Eine Einführung in die Ausstellung**
In: Museumsstiftung Post und
Telekommunikation (Hrsg.):
DIY – Die Mitmach-Revolution
Band 29, Museum für Kommunikation
Frankfurt/M – Berlin 2011, Seite 14

King-chung Siu:
Lesser Design
MCCM Creations – Hong Kong 2012

Annette Becker | Peter Cachola Schmal
(Hrsg. [Eds.]):
Stadtgrün
**Europäische Landschaftsarchitektur für
das 21. Jahrhundert**
Birkhäuser GmbH – Basel 2010
Deutsches Architekturmuseum

Inken Formann: **Historische Gärten in der
Stadt: Ein Plädoyer der Gartendenkmal-
pflege** In: Annette Becker | Peter Cachola
Schmal (Hrsg. [Eds.]): Stadtgrün

Europäische Landschaftsarchitektur für
das 21. Jahrhundert
Birkhäuser GmbH – Basel 2010, Seite. 150
Deutsches Architekturmuseum

Selbst ist der Mann
Heimwerken in den Boomjahren
Stand 15.11.2013 – Internetseite:
www.selbst.de/service-bauplaene-artikel/
aktuelles-news/heimwerken-den-boom-
jahren-144059.html

Incredible Edible Todmorden unlimedet
Incredible Edible Todmorden
Stand 25.10.2014 – Internetseite:
www.incredible-edible-todmorden.co.uk

Stadtverwaltung Andernach
Essbare Stadt Andernach Werbeflyer
Stand 09.04.15 – Internetseite
www.andernach.de

Pam Warhurst | TED Talk
How to eat our landscapes
29.10.2013

Laurent Cibien | Alain Guillon |
Pascal Carcanade
Detroit, Gemuese statt Autos
29.10.2013
www.arte.tv

Weitere Informationen

Folgende Anleitungen können beim Bauen einiger in diesem Buch dargestellter Projekte weitere wichtige Tipps und Denkanstöße geben.

SuSanA
Grauwasserturm
www.susana.org/en/resources/case-studies/details/90

Anleitungsvideos auf Youtube:

Growing Wisdom
Tunnelgewächshaus:
How to Build a High Tunnel

Willem Van Cotthem
Flaschenturm:
BOTTLE TOWER GARDENS

Bob Mongiello
Erdtonne:
HOW TO BUILD THE ULTIMATE EARTH BOX

Vertical Veg
Schwimmerbewässerung:
www.verticalveg.org.uk/how-to-make-a-genuinely-self-watering-growing-system

Larry Hall
Bewässerungsrinne:
How To Build The Self Watering Rain Gutter Grow System

Indoor Harvest Gardens
Glockensiphon
Automatic Bell Siphon Aquaponics
Tips & Tricks

Indoor Harvest Gardens
Ebbe-und-Flut-Aquaponik:
Easy & Affordable Backyard Aquaponics

Leafy Gills
Chop-Aquaponik:
Types of Aquaponic Setups

Rob Bob
Druckbelüftung für aquaponische Systeme
DIY venturi, a few easy builds for aquaponics, aquaculture or hydroponics

FoodAbundance
N.F.T. Pflanzenrutsche:
DIY Hydroponic Garden Tower

Über die Autorin

Wiebke Jünger ist eine selbstständige Kommunikationsdesignerin aus Essen. Sie konzipiert Designprojekte, schreibt Bücher und Geschichten und gestaltet und illustriert Druckerzeugnisse und Webseiten.

Teile dieses Buches sind ursprünglich als Diplomarbeit der Autorin an der Folkwang Universität der Künste 2013 entstanden.

www.wiebkejuenger.de
info@wiebkejuenger.de

Danke

Mein Dank gilt meiner Familie, meinen Freunden, Unterstützern und den sehr hilfsbereiten Mitarbeiter des Ulmer Verlags, ohne die dieses Buch nicht möglich gewesen wäre.

Danke Christel und Ulrich Jünger, für die guten Tipps und Ratschläge und dass ihr mir immer den Rücken freigehalten habt. Danke Stefan Adamczak, für deine Liebe und das stehts offene Ohr und dass du so ein guter Heimwerker bist, der mit mir einige schwierige Objekte ausgetüftelt hat.

Danke Claudius Lazzeroni und Anke von Bremen, meinen Professoren an der Folkwang Universität, die mich ermutigt haben das Buch zu vermarkten und mir mit einen scharfen Auge für Gestaltung beigestanden haben. Danke Helen Haas für die ausgesprochen harmonische Projektabwicklung und Danke Christine Condé für das super Lektorat eines doch nicht anspruchslosen Buches.

Bildquellen
Alle Fotos und Zeichnungen wurden von Wiebke Jünger
angefertigt, außer:
Bplanet/Shutterstock.com: Seite 116
Carl Stewart/Shutterstock.com: Seite 54
ChiccoDodiFC/Shutterstock.com: Seite 96/97
johnbraid/Shutterstock.com: Seite 74/75
mauritius images: Umschlagrückseite Mitte, Seite 5, 47, 46, 72,
136 (o.), 141 (re.)
Steffen Hauser/Botanikfoto: Seite 74
Toa55/Shutterstock.com: Seite 117 (re.)

Bibliografische Information der Deutschen Nationalbibliothek
Die Deutsche Nationalbibliothek verzeichnet diese Publikation in
der Deutschen Nationalbibliografie; detaillierte bibliografische
Daten sind im Internet über http://dnb.d-nb.de abrufbar.

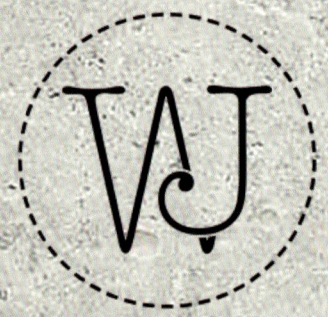

Wiebke Jünger
Illustration & Kommunikationsdesign

www.wiebkejuenger.de
info@wiebkejuenger.de

MIX
Papier aus verantwor-
tungsvollen Quellen
FSC® C004592

© 2015 Eugen Ulmer Verlag KG
Wollgrasweg 41, 70599 Stuttgart (Hohenheim)
E-Mail: info@ulmer.de
Internet: www.ulmer-verlag.de
Lektorat: Christine Condé, Helen Haas
Buchgestaltung, Umschlagentwurf und Grafiken: Wiebke Jünger
Illustration & Kommunikationsdesign, Essen
Druck und Bindung: Firmengruppe APPL, aprinta Druck,
Wemding
Printed in Germany

ISBN 978-8001-3384-0

Frische Ernte auf Balkonien

- Kleine und feine Gemüse-, Obst- und Kräuterernte vom Balkon
- Originelle Pflanzideen auf kleinem Raum
- Kleine Balkonprojekte zum Selbermachen

Ein Gemüsegarten auf dem Balkon liefert zwar keine große Ernte, dafür aber Tomaten, Paprika und frischen Salat vom Balkon für die ganze Familie. Aromatisch und duftend bereichern Kräuter auf dem Balkon das leckere Balkongemüse. Süße Erdbeeren vom Balkon und knackige Äpfel sind bei Groß & Klein beliebt. Mit diesem Buch können Sie Ihren Balkon bepflanzen und verschönern mit ausgewähltem und selbst gezogenem Gemüse, Obst sowie Kräutern und Blüten direkt auf Augen- und Nasenhöhe.

Mein wundervoller Naschbalkon. Mit Gemüse, Obst und Kräutern ideenreich gestaltet. Natalie Faßmann. 2015. 142 Seiten, 161 Farbfotos, geb. ISBN 978-3-8001-8061-5.

Ganz nah dran.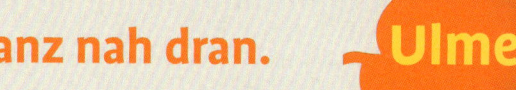

Gemüsegarten einmal anders

Gärtnern im Quadrat. Reiche Ernte auf kleinstem Raum. Anne-Marie Nageleisen. 2. Auflage 2015. 168 Seiten, 276 Farbfotos, 74 farbige Zeichnungen, aus dem Französischen von Sabine Hesemann, Flexcover. ISBN 978-3-8001-3388-8.

- Reiche Ernte auf kleiner Fläche
- Gärtnern im Quadrat mit 50 verschiedenen Pflanzen
- Alles biologisch

Gärtnern im Quadrat ist eine originelle Anbaumethode, bei der Sie Ihren Spaß haben werden. Ziel ist, auf kleiner Gartenfläche eine möglichst große und abwechslungsreiche Ernte zu erzielen. Die Gartenarbeit konzentriert sich auf diesen kleinen Bereich und nimmt deswegen weniger Zeit in Anspruch als die Pflege eines großen Gemüsebeets – die Ernte ist gleich groß! Der Trick dabei ist, optimale Bedingungen für das Gemüse zu schaffen und ständig nachzupflanzen. Die quadratische Unterteilung der Beete erleichtert die effiziente Nutzung der Fläche und sieht schön aus.

www.ulmer.de